Rügen und Hiddensee
Der besondere Inselführer

Rügen und Hiddensee
Der besondere Inselführer
Mit Klassikern und persönlichen Geheimtipps

Janet Lindemann

Ellert & Richter Verlag

Inhalt

8	**Vorwort**

10	**Rügen und seine Geschichte**

14	**Mönchgut, Granitz und die Seebäder**

- 16 Baabe
- 19 Am Baaber Bollwerk
- 20 Das Café Klatsch in Baabe
- 21 Göhren
- 23 Die Mönchguter Museen
- 25 Komödie Rügen in Göhren
- 26 Thiessow und sein Rügen-Markt
- 28 Groß Zicker
- 29 Middelhagen
- 31 Alt Reddevitz
- 32 Radtour über das Mönchgut 🚲
- 36 Greifswalder Oie
- 38 Sellin
- 42 Das Seefahrermuseum Sellin
- 44 Das Waldgebiet Granitz
- 46 Binz
- 49 Binz und seine Ikonen der Bäderarchitektur
- 51 Künstlermeile Binz
- 52 Strandhalle Binz
- 53 Ulrich Müther
- 55 Sandschau in Binz
- 56 Prora
- 58 Naturerbe Zentrum Rügen
- 59 Feuersteinfelder Mukran

60	**Jasmund**
62	Fährhafen Sassnitz
63	Schloss Dwasieden in Sassnitz
64	Sassnitz
67	Begegnungszentrum Grundtvighaus
68	Nationalpark Jasmund
70	Nationalpark-Zentrum Königsstuhl
72	Der Tagebau Promoisel
73	Der Opferstein von Quoltitz
74	Lohme
76	Schloss Ranzow
77	Nardevitz
78	Sagard
79	Lietzow
80	Waldpark Semper
81	Mit dem Rad an die Nordostspitze 🚲
84	Dinopark Bobbin
85	Baldereck
86	Glowe
88	**Wittow und die Schaabe**
90	Radelnd an die Nordspitze 🚲
94	Kap Arkona
96	Der Rügenhof in Putgarten
97	Helene-Weigel-Haus in Putgarten
99	Mit dem Rad von Putgarten nach Dranske 🚲
102	Unterwegs auf dem Bug
103	Altenkirchen

104 Zentralrügen

- 106 Bergen auf Rügen
- 108 Auf dem Rugard
- 110 Ralswiek
- 111 Lancken-Granitz
- 112 Kunstkate Karow
- 113 Zirkow
- 114 Zeit zum Naschen und Toben in Zirkow
- 115 Fürstenstadt Putbus
- 117 Am Rügischen Bodden
- 119 Kirche Vilmnitz
- 121 Robben in Sicht
- 123 Gutshaus Krimvitz

124 Südrügen, Stralsund und Südwestrügen

- 126 Garz
- 127 Swantow
- 128 Kirche Zudar
- 129 Palmer Ort
- 130 Radtour: Stille Winkel am Sund 🚲
- 136 Rügener Inselfrische in Poseritz
- 137 Mit dem Rad von Rambin nach Altefähr 🚲

140 Westrügen und die Insel Ummanz

- 142 Schlosspark Pansevitz
- 143 Gingst
- 144 Museumshof Gingst
- 145 Der Rügen Park Gingst
- 146 Mursewiek
- 147 Mit dem Rad durch Ummanz 🚲
- 151 Waase
- 152 Suhrendorf auf Ummanz
- 153 Nationalpark Vorpommersche Boddenlandschaft
- 155 Schaprode

156	**Die Insel Hiddensee**
158	Ankommen auf Hiddensee
160	Kloster
162	Wanderung durch die Hügel
165	Von Grieben zum Enddorn
167	Vitte
169	Das Figurentheater
170	Nach Neuendorf
172	Die Fischer vom Länneken
173	Mit Ute über Hiddensee
174	Radtour-Rundfahrt Hiddensee 🚲

179 **Danksagung**
180 **Service von A–Z**
188 **Orts- und Personenregister**
192 **Impressum/Bildnachweis**

Trauminsel Rügen
Vorwort

Weiße Klippen, lange Sandstrände, grüne Wälder, wilder Klatschmohn auf weiten Feldern, versteckte Buchten – das ist Rügen. Spätestens seit Caspar David Friedrichs Gemälde „Kreidefelsen auf Rügen" aus dem Jahr 1818 hat sich herumgesprochen, welche Schätze die größte deutsche Insel zu bieten hat. Millionen Reisende aus der ganzen Welt nehmen jährlich Kurs auf Rügen. Mehr als 5,8 Millionen Übernachtungen wurden im Jahr 2013 gezählt. Das ist etwa ein Fünftel aller Übernachtungen in ganz Mecklenburg-Vorpommern.

Das Bild der Insel hat sich im Laufe der Jahrhunderte mächtig gewandelt. Aus verschlafenen Fischerdörfern wurden moderne Seebäder. Es gibt ein gut ausgebautes Verkehrswegenetz, eine dreispurige Brücke, die das Festland mit Rügen verbindet, und sogar einen kleinen Flugplatz. Wenn die Insel im Sommer aus allen Nähten zu platzen scheint, findet hier noch jeder sein ruhiges Plätzchen.

Im Westen zum Beispiel. Dieser Inselteil ist eher landwirtschaftlich geprägt. Auf den fruchtbaren Böden wachsen Kartoffeln und Spargel, Raps und Roggen. Wer auf Rügens kleine Schwesterinsel Ummanz fährt, wird von Kranichen begrüßt. Zehntausende rasten im Frühjahr und Herbst dort. Hier gibt es weder Bettenburgen noch Strandpromenaden. Dafür stille Plätzchen, um aufzutanken und seinen Gedanken nachzuhängen.

Auf der Halbinsel Wittow im Norden Rügens weht fast immer ein laues Lüftchen. Dort an der Steilküste am Kap Arkona trotzen drei Türme Wind und Wetter.

Viel Trubel herrscht im Südosten der Insel. Die Seebäder Binz, Sellin, Baabe und Göhren mit ihren weißen Villen im Stil der Bäderarchitektur und den breiten Stränden gehören zu den beliebtesten Ferienzielen. Wer nicht am Strand liegt, wandert durch das Waldgebiet Granitz, fährt mit der nostalgischen dampfbetriebenen Eisenbahn Rasender Roland oder mit dem Ausflugsdampfer zu den

berühmten Kreidefelsen im Nordosten der Insel.
Im Süden geht es wieder eher beschaulich zu. Felder und Wiesen, Alleen und Boddenküste bestimmen hier das Bild. Und dann ist da noch die ehemalige Fürstenresidenz Putbus mit dem Schlosspark und dem „Circus". Hauptstadt von Rügen ist die Stadt Bergen in der Inselmitte. Ihre St.-Marien-Kirche mit wertvollen romanischen Fresken ist kilometerweit sichtbar.
Während die meisten Gäste bei Sonne und Wärme anreisen, hat Rügen auch im Winter seine Reize. Dann ist die Luft besonders klar, die Strände menschenleer und in den Gaststuben haben die Einheimischen wieder mehr Zeit für ein Schwätzchen. Wer die Natur liebt, wird auch diese Insel lieben. Und wer einmal hier war, kommt meistens wieder.
Begleiten Sie mich auf eine Reise zu den schönsten Plätzen. Ich zeige Ihnen nicht nur, wo sich die feinsandigsten Strände und sagenhaftesten Orte befinden, sondern auch, wo sich traumhafte Sonnenuntergänge beobachten lassen und wo es das beste Fisch-

Das Gemälde „Kreidefelsen auf Rügen" von Caspar David Friedrich, entstanden 1818, ist die beste Werbung für die Insel in der Ostsee.

brötchen gibt. Und wer meint, dass er Rügen doch schon kenne, den lade ich auf einen Ausflug nach Hiddensee ein.
Seit meiner Kindheit lebe ich hier und liebe Rügens Schönheit, die Vielfalt, das immer andere Aussehen im Wechsel der Jahreszeiten. Viele der Menschen hier sind mir Freunde geworden, die Landschaft ist mir immer wieder Inspiration und Entspannung zugleich. Ich möchte Sie einladen auf meine Insel und Sie mitnehmen – zu meinen Freunden und meinen Orten.

Ihre Janet Lindemann

Von Rugiern und Ranen
Rügen und seine Geschichte

Schon bei Tacitus wurde in den Jahren kurz nach Christi Geburt der ostgermanische Stamm der Rugier erwähnt, die den Bereich der südlichen Ostsee bewohnten. Diese waren es, die der größten deutschen Insel den ersten Namen gaben: Rugia.

Durch tektonische Bewegungen wurde einst das Kreidekalk-Plateau aus der Ostsee an die Oberfläche gedrückt, große Teile davon verschwanden durch Erosion und die Gletscher, die während der Eiszeiten große Mengen an Gestein hierher transportierten. Schon in der Altsteinzeit war Rügen bewohnt, wie Funde von bearbeiteten Rentiergeweihen im Garzer Moor beweisen, die etwa 10 000 Jahre alt sind. Heute noch sind die Großsteingräber der Mittelsteinzeit zu sehen. Um 4500 v. Chr. wurden die aus Findlingen gebauten Grabstätten innerhalb abgezirkelter sogenannter Hünenbetten angelegt. Eines der eindrucksvollsten noch erhaltenen Anlagen befindet sich bei Lancken-Granitz. Erst in der Bronzezeit (1800–600 v. Chr.) lösten Einzelbestattungen die Groß-

In der Nähe von Lancken-Granitz auf Rügen blieben einige jahrtausendealte Großsteingräber erhalten.

steingrabkultur auf Rügen ab. Noch etwa 1000 Erdhügel aus dieser Epoche gibt es auf Rügen, wie zum Beispiel die Woorker Berge in der Nähe von Patzig, heute das größte Hügelgräberfeld der Bronzezeit in Norddeutschland. Nachdem die Rugier zwischen 200 v. Chr. und 375 n. Chr. bei den Völkerwanderungen mit den Hunnen nach Süden zogen, siedelten sich ab dem 6. Jahrhundert n. Chr. auf der Insel die Ranen an, ein seefahrender kriegerischer Slawenstamm. Sie bauten Burgwälle, sichtbar zum Beispiel in Garz und auf dem Rugard bei Bergen. Das größte ihrer Heiligtümer ist die Tempelburg für den

Gott Svantevit am Kap Arkona. Und schon damals schätzten die Rügen-Reisenden das „Gold der Ostsee": Römer und Phönizier kamen auf der Suche nach Bernstein in den Norden, zu ihnen bestanden die ersten Handelskontakte. Um das Jahr 1000 ist die erste schriftliche Nennung von Rügen zu verzeichnen: in der Chronik des Thietmar von Merseburg und in der Hamburgischen Kirchengeschichte des Adam von Bremen.

Die Lage in der Ostsee, zwischen dem europäischen Festland und der skandinavischen Halbinsel, machte Rügen zu einem begehrten Standort für politische Pläne und Handelswege. So besiegte am 14. Juni 1168 der dänische König Waldemar I. die Ranen und zerstörte den Svantevit-Tempel. Als Vasall der Dänen residierte der Ranenfürst Jaromar I. ab etwa 1180 auf dem Rugard bei Bergen und erbaute dort im Zuge der Christianisierung die Marienkirche. In den folgenden Jahrhunderten wurden weitere Klöster errichtet und Städte gegründet. Auch kulturell ging der slawische Einfluss der Ranen immer weiter zugunsten einer dänischen und deutschen Vorherrschaft zurück. Mit Witzlaw III. stirbt 1325 Jaro-

Die Jaromarsburg am Kap Arkona war vom 9. bis zum 12. Jahrhundert eine Kultstätte für die slawische Gottheit Svantevit. Die Burg – hier der Wall mit dem Marinepeilturm von 1927 im Vordergrund – galt als geistiges Zentrum der Ranen.

mars Fürstengeschlecht aus und die dänischen Könige geben Rügen als Lehen an die Herzöge von Pommern-Wolgast, die in das dünnbesiedelte Land Bauern aus Niedersachsen, Westfalen und Franken holen. Um 1400 spricht auch der überzeugteste Raner deutsch. Die slawischen Dörfer erkennt man noch heute an den Endungen „-ow" und „-itz".

Auch in der Neuzeit halten die Kämpfe um die Insel an. Im Ver-

Rügen und seine Geschichte

Der Strand des Ostseebades Binz um 1912. Schon Ende des 19. Jahrhunderts kamen die ersten Badeurlauber und stiegen zum Beispiel im Hotel Kaiserhof ab, das hier im Hintergrund zu sehen ist.

lauf des Dreißigjährigen Krieges (1618–1648) besetzen 1630 schwedische Truppen die Insel Rügen, danach wird sie vom preußisch-brandenburgischen König Friedrich Wilhelm I. eingenommen, fällt erneut an Schweden und wird Anfang des 19. Jahrhunderts sieben Jahre lang von Napoleon okkupiert.
Der Wiener Kongress 1815 sprach Rügen dann endgültig den Preußen zu. Die Fürsten von Putbus waren die mächtigsten und reichsten Bewohner der Insel. Wilhelm Malte I. baute Putbus zu einer der letzten Blüten fürstlicher Macht in Europa aus und legte in Lauterbach das erste Seebad auf Rügen an. Sassnitz wurde zum ersten Modebadeort auf der Insel, verlor diesen Rang aber durch den Wandel zum Strandurlaub bald an Binz mit seinem wunderschönen Strand. In der Folge wurden bis Ende des 19. Jahrhunderts auch Sellin und Göhren zu Seebädern auf- und ausgebaut.
Den Zweiten Weltkrieg überstand Rügen fast unzerstört. Die Bevöl-

kerungszahl stieg jedoch durch Flüchtlinge aus den Gebieten östlich von Oder und Neiße von 42 000 auf 100 000 an. Die Städte dehnten sich aus und wurden durch Neubaugebiete in die Landschaft hinein erweitert. Nach der Zwangsenteignung von Hotels, Gaststätten und ähnlichen Einrichtungen im Rahmen der „Aktion Rose" im Jahr 1953 kam der Fremdenverkehr kurzfristig fast völlig zum Erliegen, doch schon bald wurde Rügen eines der beliebtesten und auch wirtschaftlich wichtigsten Urlaubsgebiete der DDR.

Mit der Wende 1990 begannen Tausende von Verfahren um Restitutionsansprüche. Franz zu Putbus beispielsweise forderte die Rückgabe von Schloss Spyker, das seine Familie 1816 erworben hatte, und etwa ein Sechstel der Inselfläche von Rügen – ein Anspruch, der jedoch abgewiesen wurde.

Viele der Villen der Seebäder wurden in den letzten Jahren saniert, Fremdenverkehr wird der wichtigste Wirtschaftsfaktor der Insel, wenngleich versucht wird, den urwüchsigen, naturnahen Charme der Insellandschaft beizubehalten.

Schneller nach Rügen! Seit 2007 verbindet eine Hochbrücke das Festland über den Strelasund mit Deutschlands größter Insel.

Schon 1990 wurden große Teile Rügens zum Nationalpark erklärt. Durch das Meer und die Stürme kommt es immer wieder zu teils dramatischen Veränderungen der Landschaft. Im November 1995 verwüstete die schwerste Sturmflut der letzten 40 Jahre große Küstenbereiche von Rügen, und im Bereich der Kreideküste sind immer wieder Abbrüche zu verzeichnen.

Um den mehr als eine Million Erholungsuchenden auch logistisch gerecht zu werden, wurde 2007 die fast drei Kilometer lange Rügenbrücke bei Stralsund eingeweiht, eine kühn geschwungene und weithin sichtbare Stahlkonstruktion. Nach Hiddensee jedoch muss weiterhin mit der Fähre übergesetzt werden, ab Schaprode im Westen Rügens oder von Stralsund aus.

Mönchgut, Granitz und die Seebäder

Eine Landschaft, die zum Träumen verführt:
Mohnblumen auf der Halbinsel Mönchgut,
dem südöstlichen Inselteil Rügens.

Das Tor zum Mönchgut
Baabe

In **Baabe** wird mächtig Dampf abgelassen. Denn durch das Ostseebad schnauft der **Rasende Roland**. Die nostalgische Schmalspurbahn verkehrt seit über hundert Jahren täglich auf der Strecke Putbus–Binz–Sellin–Baabe–Göhren. Das Wahrzeichen Rügens, das mit einer Spitzengeschwindigkeit von 30 Stundenkilometern unterwegs ist, kreuzt hier in Baabe die Hauptstraße.

Am **Mönchgut-Tor** auf Höhe des mittelalterlichen Landwehrgrabens beginnt die idyllische Halbinsel Mönchgut im Südosten Rügens. Die den Ort seit den 1920er-Jahren prägende vierreihige **Lindenallee** führt vorbei an Läden und Geschäften direkt zum feinsandigen Badestrand. Hinter der Landspitze erkennt man im Norden die Seebrücke von Sellin, rechts ist das Ostseebad Göhren zu sehen.

Am Strand von Baabe trifft man auf Roberto Brandt, der zu den letzten Fischern hier gehört. Zusammen mit seinem Sohn Jan fährt er fast täglich auf die Ostsee hinaus, so wie schon sein Vater und sein Urgroßvater. Von Februar bis Juni ziehen die Fischer Hecht, Hering und Dorsch an Land, wenn der Sommer beginnt, gibt es Aal, Flunder und Lachs. Die Fische werden in seiner Räucherkammer über Buchenholz aus dem Waldgebiet Granitz geräuchert und in der **Gaststube Zum Fischer** serviert. Die Fischerei hat in Baabe eine lange Tradition. Einen Einblick in den Alltag der Petrijünger gibt das **Mönchguter Küstenfischer-**

Rasender Roland wird die historische Schmalspurbahn genannt, die seit 1895 Putbus-Lauterbach mit den Ostseebädern im Südosten der Insel verbindet.

Wo: Auf der Halbinsel Mönchgut im Südosten der Insel Rügen
Infos: Haus des Gastes, Am Kurpark 9, 18586 Ostseebad Baabe, Tel. 038303/1420, www.baabe.de
Tipps: Mönchguter Küstenfischermuseum, Bollwerkstraße/Ecke Dorfstraße, 18586 Baabe; Restaurant Zum Fischer, Bollwerkstraße 6, 18586 Baabe; Kabarett-Theater Lachmöwe, Strandstraße 24–28, 18586 Baabe, Tel. 038303/99075, www.kabarett-noergelsaecke.de

Mönchgut, Granitz und die Seebäder

Am Fischerstrand in Baabe. Dieser gehört zu den schönsten Stränden an der Ostseeküste. Hier kann man den Fischern morgens bei ihrer Arbeit zusehen. Den frisch gefangenen Fisch gibt es geräuchert oder gebraten gleich hinter der Düne in angrenzenden Gaststuben oder darf vom Boot direkt mit nach Hause genommen werden.

museum in der Bollwerkstraße/ Ecke Dorfstraße.
Der Badebetrieb setzte in Baabe ab 1890 ein, zunächst gab es nur einen einfachen Steg in die Ostsee, ab 1913 wurden ein großes Herren- und Damen-Bad errichtet. Als erster Ort auf Rügen wurde hier um 1922 das Freibaden erlaubt.
Aber außer einem weißen Ostseestrand bietet Baabe auch kulturelle Veranstaltungen, beispielsweise im **Haus des Gastes** am Kurpark, einem architektonisch reizvollen Gebäude mit schrägen Gründächern. Unbedingt sehenswert ist die kleine **Dorfkirche** in der Strandstraße 6 von 1930 mit ihrer Außenkanzel. Sie geht auf die alte Tradition der Freiluftgottesdienste zurück. Und im Sommer spielt das **Kabarett-Theater Lachmöwe** in Baabe. Auch dort wird „Dampf abgelassen", wenn auch eher mit Scherzen statt mit Schnaufen.

Fährmann, hol över!
Am Baaber Bollwerk

Wildgänse fliegen in Formation über den **Selliner See**. Segelboote wanken im Rhythmus der Wellen. Das Motorschiff „Lamara" legt zu einer Rundfahrt um die Insel Vilm ab. An der Baaber Bek stehen die weißen Häuschen von Moritzdorf in Reih und Glied. Und über allen thront auf einer Anhöhe das **Ausflugslokal Moritzburg**.

Wie in einer anderen Zeit! Per Muskelkraft werden Wanderer und Radler vom Baaber Bollwerk nach Moritzdorf befördert.

In dieser Idylle verkehrt die kleinste Fähre Rügens. In knapp drei Minuten werden Personen, Hunde, Räder vom **Baaber Bollwerk** mit Muskelkraft über die Verbindung von Selliner See und Having befördert. 25 bis 40 Ruderschläge sind dafür nötig, je nach Strömung und Wetter – und das mehr als hundert Mal täglich. Immer mit von der Partie: Bootsmann-Terrier Jason. Auf dem Holzkahn finden bis zu zehn Personen und zehn Fahrräder Platz, gerudert wird fast das ganze Jahr über. Wenn Kay-Uwe Strandmann und seine Mannen nicht zu sehen sind, dann läutet man ganz traditionell an der Glocke und ruft: „Fährmann, hol über!" Oder auf Platt: „Fährmann, hol över!" Auch für Radfahrer hat die Gegend um Baabe besondere Reize. Wunderschön ist der Weg über Seedorf, Preetz, Groß Stresow und Lauterbach nach Putbus, über alte Holzbrücken, durch urwüchsige Wälder und immer direkt an der Küste entlang.

Wo: An der Baaber Bek, der Verbindung von Selliner See und Having
Wann: Fährverkehr fast ganzjährig
Infos: Fährmann Familie Strandmann, Moritzdorf 6, 18586 Ostseebad Sellin, Tel. 038303/85220
Tipp: Ausflugslokal Moritzburg, Moritzdorf 14, 18586 Moritzdorf, Tel. 038303/95884, www.moritzburg-ruegen.de

Viel Leidenschaft und gute Laune
Das Café Klatsch in Baabe

Zwei reizende Schwestern, viel gute Laune, hervorragende Torten und freundlicher Service: Das sind die Zutaten für das **Café Klatsch**. Aufgeschrieben wurde dieses Rezept von Gästen aus Hamburg für das „Backrezeptebuch" von Andrea und Dorina Franz. Die Zwillinge haben ihre Leidenschaft, das Backen von Kuchen und Torten, ihre Vorliebe für guten Kaffee, Tee und schöne Gespräche zum Beruf gemacht und sich mit ihrem Café am Meer im Jahr 2006 einen Traum erfüllt. Dank ihrer raffinierten Rezepte und ihrer beherzten Wesen ist das Café sehr beliebt. Andrea und Dorina haben ein offenes Ohr für alle und jeden. Stammkunden bekommen schon mal ein extra großes Stück Kuchen. Auf jeden Fall aber ein strahlendes Lächeln. Direkt neben dem Haus des Gastes am Kurpark backen sie täglich außer montags mit viel Liebe und aus besten Zutaten Streuselkuchen, Sanddornschnitten und die begehrte Bernsteintorte.

Das Backrezeptebuch ist voll des Lobes. „Der Schokoladenkuchen schmeckt mir bei euch besser als Zuhause bei Mama und eigentlich bin ich gar kein Kuchenesser", schreibt Nelli. Die Zupfkuchenfraktion Gothaer Wölfe legt noch einen drauf: „Der Kuchen hier ist ein Traum. Ihr seid eine Bereicherung für die Insel."

Drinnen liegen Tischspiele und Magazine zum Lesen bereit. Kinder können auf einem großen Abenteuerspielplatz nebenan Sellbahn fahren, klettern und Minigolf spielen. Das Café Klatsch ist ein schöner Ort zum Auftanken nach einem langen Strandspaziergang und ein perfekter Ort zum Verweilen und eben zum Klatschen.

Wo: Café Klatsch, neben dem Haus des Gastes, Am Kurpark 2, 18586 Ostseebad Baabe
Infos: Tel. 0172/3027058, www.baabe-cafeklatsch.de
Highlight: Die Bernsteintorte, ein echtes Sahnestück aus Quark und Baiser

Ein Kurort mit Traumstränden
Göhren

Weiße Villen, Traumstrände, Meeresrauschen. **Göhren** gehört zur Premium-Class der Kneipp-Kurorte in Deutschland. Ab 1899 – mit dem Anschluss an das Gleisnetz der Schmalspurbahn – entwickelte sich der Ort zum mondänen Seebad mit so illustren Gästen wie den Schauspielern Heinz Rühmann und Zarah Leander. Heute bieten Hotels Anwendungen und Gymnastik nach der Lehre von Sebastian Kneipp (1821–1897) an. Im Kneippgarten gibt es Wassertret- und Armbadebecken. Das Ganze mit freiem Blick auf Strand und Meer. Auf der 2003 neu gestalteten **Bernsteinpromenade** trifft man sich in Cafés, Restaurants, im Laubengang mit Labyrinth oder auf dem Kinderspielplatz. Shantychöre singen im Musikpavillon von ihrem

Voll ist es im Sommer an Göhrens Nordstrand. Hier verbringen gern Familien ihre Ferien. Ruhiger geht es am Südstrand zu.

Rügenland. Und zum Jahreswechsel wird der Kurplatz zum Mittelalterlager. Gaukler treiben dann ihre Späße, Kreative bieten Kunsthandwerk an, in Schalen und am Strand lodern Feuer.

Das Wahrzeichen von Göhren ist die in den 1990er-Jahren wieder neu errichtete **Seebrücke**, die 270 Meter in die Ostsee hineinragt. Hier ist der **Nordstrand** im Som-

---

Wo: Auf der Halbinsel Mönchgut im Südosten der Insel Rügen
Infos: Kurverwaltung Göhren, Poststraße 9, 18586 Ostseebad Göhren, Tel. 038308/66790, www.goehren-ruegen.de
Highlights: Die Bernsteinpromenade, Wanderung um das Nordperd, Mittelalterfest um den Jahreswechsel herum
Tipps: Restaurant Strandhaus 1, Nordstrand 1 direkt an den Dünen, Tel. 038308/25097, www.strandhaus1.de; Globetrotterbar, Katharinenstraße 5, Tel. 038308/25414, wwww.globetrotterbar.de

Mönchgut, Granitz und die Seebäder

Das Nordperd in Göhren ist der östlichste Zipfel der Insel Rügen. Die bewaldete Landzunge ragt 1500 Meter weit in die Ostsee hinein. Vom Kliff reicht der Blick bis hin zur Insel Usedom und der Greifswalder Oie.

mer übersät mit bunten Strandmuscheln. Der große Stein im Wasser, der mit den Gletschern der letzten Eiszeit hierherkam, ist der **Buskam**, was so viel wie Gottesstein bedeutet. Mit 1620 Tonnen der dickste Brocken der Ostsee. Beschaulich geht es am naturbelassenen **Südstrand** zu. Die Landzunge, die linker Hand in die Ostsee hineinragt, ist das **Nordperd** (Perd = slaw. „Vorsprung"), der östlichste Zipfel der Insel Rügen. Herrlich erfrischend ist ein Spaziergang um das bewaldete Dreieck herum. Der Weg führt über Baumwurzeln durch den Buchenwald und an der Küste entlang.

Vom Kap aus bietet sich eine grandiose Sicht über die Ostsee. In der Ferne blinken die Leuchttürme der Inseln Ruden und Greifswalder Oie. Auf einer Anhöhe über dem Ort, direkt neben dem prähistorischen **Hügelgrab Speckbusch**, ragen die beiden charakteristischen Türme der Dorfkirche aus den 1930er-Jahren weit über das Mönchgut.
Den Abend lassen wir auf der Terrasse der **Pension und Kneipe Strandhaus 1** am Nordstrand oder in der **Trendbar Globetrotter** ausklingen und schmieden beim Sundowner Pläne für den nächsten Tag.

Trachten und mehr
Die Mönchguter Museen

Das Mönchgut gehört zu den schönsten Fleckchen dieser Erde. Schon die Zisterziensermönche des Klosters Eldena waren von dem Landstrich so begeistert, dass sie 1252 das Land Reddevitz und knapp hundert Jahre später die Halbinsel Zicker kauften und daraus das Mönchgut machten. Ob die Menschen hier wirklich so abgeschieden vom restlichen Rügen lebten, wie sie sich kleideten und wirtschafteten, darüber informieren die **Mönchguter Museen** in Göhren, die alle in originalen, denkmalgeschützten Gebäuden untergebracht sind. Im reetgedeckten **Heimatmuseum** in der Strandstraße 1 ist unter anderem die traditionelle Tracht der Mönchguter zu sehen. Frau trug zwei Kopfbedeckungen, über die weißleinene Haube kam eine Mütze aus schwarzer Wolle. Verheiratete Frauen bekamen noch ein schwarzseidenes Atlasband aufgenäht, das von der Stirnpartie bis zum Nacken reichte.

Über das Leben damals informieren die Mönchguter Museen in Göhren. Hier werden Traditionen bewahrt und gepflegt.

Wo: Mönchguter Heimatmuseum, Strandstraße 1; Mönchguter Museumshof, Strandstraße 4; Rookhus, Thiessower Straße 7; Museumsschiff Luise, Am Südstrand 1a
Infos: Mönchguter Museen im Ostseebad Göhren, Thiessower Straße 7, 18586 Ostseebad Göhren, Tel. 038308/2175 und 25627, www.moenchguter-museen-ruegen.de
Highlights: Museumsmärkte auf dem Museumshof, Seemannsknotenschule am Museumsschiff

Das Museumsschiff Luise am Göhrener Südstrand. In den Sommermonaten kommen hier Einheimische und Gäste zum Feiern zusammen. Auch eine Seemannsknotenschule wird dann eingerichtet.

Die Fachwerkscheune mit dem Strohhut vier Häuser weiter gehört zum **Museumshof**, dessen älteste Bauten von 1680 stammen. In den Sommermonaten duftet es hier ganz wunderbar nach frischem Brot. Zwischen Scheune, Stall und Wohnhaus geben Bäcker, Spinnerinnen, Schmied und Korbflechter Einblicke in diese traditionellen Berufe. Das **Rookhuus** (Rauchhaus) in der Thiessower Straße 7, eines der ältesten Wohnhäuser auf Rügen von 1720, zeigt den harten Arbeitsalltag der Bauern und Fischer jener Zeit. Ohne Schornstein und mit tief herabgezogenem Walmdach im „Zuckerhutstil" erbaut, konnte der Rauch nur durch Öffnungen im Dachfirst abziehen.

Wer schon immer mal Kapitän sein wollte, kann das **Museumsschiff Luise** auf einer Wiese am Südstrand entern. Im Führerhaus des Motorseglers von 1906 locken Steuerrad und Kompass. Fräulein Ruth Bahls aus Göhren (1909–1994), Kapitänstochter und Lehrerin, ist es zu verdanken, dass die Mönchguter Museen heute in dieser Form existieren. Sie sammelte ihr ganzes Leben lang historisches Sachgut über diese zauberhafte Landschaft.

Theater am Meer
Komödie Rügen in Göhren

Die Ostsee ist nicht das Mittelmeer, klar. Das Wasser vor Göhren ist deutlich kühler als vor Genua. Aber das hat auch seine Vorteile: Denn wer im Sommer eine Komödie mit Anja Pirling erlebt, wird wahrscheinlich vom Lachen so ins Schwitzen geraten, dass danach nur ein Sprung in die Ostsee hilft. Theaterkenner und Journalisten bescheinigen der Schauspielerin ein außergewöhnliches Talent: „Sie ist hinreißend witzig! Ungehorsam und trotzig, ungestüm wie ein Wirbelwind über die Bühne fegend, erweckt sie die dramatische Komödie zu kraftvollem und quirligem Leben." Als Zauberlehrling, als Starreporterin Hildy Johnson in „Abgeblitzt" oder als Jane in „Robinson und Jane" steht Anja Pirling auf der Bühne in der **Komödie Rügen**. Sie spielt mit Hingabe und Leidenschaft mehrere Rollen gleichzeitig und reißt das Publikum mit.

Nicht nur auf der Bühne ein Paar: Anja Pirling und Thomas Waldkircher sind zwei liebenswerte Schauspieler mit Humor und Lebensfreude.

Zusammen mit ihrem Künstlerkollegen Thomas Waldkircher hat die Theaterwissenschaftlerin die ehemaligen Kur-Lichtspiele in der Waldstraße gekauft und zu einem Theater umfunktioniert. Man sitzt sehr bequem in roten Samtsesseln. Im Foyer hängen Filmplakate und Fotos. Die Kinoleinwand ist geblieben. Hin und wieder zeigt Anja hier ihre „Lieblingsplätze", Orte, die sie auf Rügen liebt und mit der Kamera festgehalten hat.

Wo: Komödie Rügen, Waldstraße 4, 18586 Ostseebad Göhren
Infos: Tel. 038308/66222, www.komödie-rügen.de
Highlight: Anja Pirling und Thomas Waldkircher spielen alle Rollen selbst

Steilufer, Strand und Surfer
Thiessow und sein Rügen-Markt

Ein Morgen kurz vor 9 Uhr im Hafen **Thiessow**. Keramiker und Töpfer breiten handgefertigte Schmuckstücke und Kunsthandwerk auf ihren Verkaufstischen aus, Fischer sortieren ihre Netze, lokale Spezialitäten locken die Besucher. Dienstags und donnerstags ist hier Rügen-Markt-Tag. Im eher beschaulichen Ostseebad an der Südspitze des Mönchguts lebten jahrhundertelang erfahrene Lotsen, die alle Untiefen am Eingang zum Strelasund kannten und die Schiffe sicher nach Stralsund brachten. Von der Bedeutung dieser Wachstation an der Meerenge zeugen der rekonstruierte **Lotsenturm** auf dem 36 Meter hohen Lotsenberg und die historische **Lotsenwache** aus dem Jahr 1854, die besichtigt werden kann.

Frühaufsteher werden morgens am Hafen in Thiessow mit frischem Fisch direkt vom Boot belohnt.

Ein Stück weiter, am **Südperd**, geht es mitunter sehr stürmisch zu. Im Winter treiben Wind und Wellen mit gebrochenen Eisschollen wilde Spiele. Diese ergeben sich irgendwann den Naturgewalten und bleiben erschöpft in

Wo: Südostzipfel der Halbinsel Mönchgut
Infos: Kurverwaltung Ostseebad Thiessow, Hauptstraße 36, 18586 Thiessow, Tel. 038308/8280, www.ostseebad-thiessow.de; Rügen-Markt, Jürgen Kasüske, Billrothstraße 16, 18528 Bergen auf Rügen, Tel. 0176/10423837, www.ruegen-markt.de
Highlights: Hotspot für Wassersportler, Lotsenturm, Rügen-Markt am Hafen dienstags und donnerstags, fangfrischer Fisch in den frühen Morgenstunden

Der Blick vom originalgetreu wiederaufgebauten Lotsenturm in Thiessow von 1909 geht weit über den kilometerlangen Oststrand bis zum Nordperd. Im Hintergrund links sind die sanft geschwungenen Hügel der Zicker Berge gerade noch zu erkennen.

einem oft meterhohen Wall bis zu den nächsten Plusgraden liegen. Noch weiter südlich treffen am **Thiessower Haken** der Greifswalder Bodden und die Ostsee aufeinander.

Wer seinen Weg Richtung **Weststrand** fortsetzt, kann sie erleben: die Artisten der Meere. Surf-Profis gleiten in rasantem Tempo über den Greifswalder Bodden, Anfänger versuchen, sich mühevoll auf dem Brett zu halten. Dazwischen legen sich Katsegler schräg in den Wind, Kitesurfer springen mit ihren Brettern über die Wellen und die Wiese zwischen Thiessow und Klein Zicker. „Thiewaii" ist ein echter Hotspot für Wassersportler.

Richtung Klein Zicker wird der Strand schmaler und steiniger. Bunte Wiesen und gelbe Felder, versteckte Buchten und unzählige Landhaken, sanftes Hügelland – das ist das Mönchgut.

Ein Ort für Romantiker
Groß Zicker

Im Fischerdorf **Groß Zicker** scheint die Zeit stehen geblieben zu sein. Entlang der rumpeligen Pflasterstraße stehen rote Backsteinhäuser mit graubraunen Strohhauben, davor üppig wuchernde Gärten, einige Dreiseitenhöfe mit uralten Bäumen, und natürlich ein kleiner Hafen, in dem Fischerboote auf den Wellen tanzen. Der Ort am Fuß der **Zicker Berge** – kaum mehr als eine sanfte Hügelkette – ist ein guter Ausgangspunkt für eine Wanderung auf den 66 Meter hohen **Bakenberg** mit Rundumblick über das Mönchgut und den Zicker See nach Thiessow, gut zu erkennen an dem Turm auf dem Lotsenberg. Die gotische **Backsteinkirche** in Groß Zicker mit ihren bunten Glasfenstern von 1595 ist das älteste Gebäude auf Mönchgut. Die Ziegel kamen mit dem Schiff nach Rügen, der schlichte Stil des 1360 erbauten Gotteshauses erinnert an die Stralsunder St.-Nikolai-Kirche. Sehenswert ist neben einem 500

Berühmte Schönheit: das Pfarrwitwenhaus in Groß Zicker, in dem auch wechselnde Kunstausstellungen stattfinden.

Jahre alten Sakramentsschrein die barocke Kanzel aus dem Jahr 1653. Um die Pfarrkirche herum stehen verwitterte Grabsteine, dazwischen auch sogenannte Grabwangen, stelenartige Steine aus dem 19. Jahrhundert.

Stockrosen, Ringelblumen, Lavendel blühen vor dem **Pfarrwitwenhaus** von 1720 mitten im Dorf. In dem aus Holz und Lehm erbauten „Zuckerhut", dessen Rohrdach fast bis zum Boden reicht, lebten früher Pfarrerswitwen und ihre Kinder, heute beherbergt es ein Museum zur Geschichte des Hauses.

Wo: Am Zicker See auf der Ostseite der Halbinsel Mönchgut
Highlights: Museum Pfarrwitwenhaus, Kirche, Naturschutzgebiet Zicker Berge

Von der alten Schule
Middelhagen

In **Middelhagen** fühlt man sich in alte Zeiten zurückversetzt. Im historischen Ortskern empfängt den Reisenden das heimelige **Gasthaus Zur Linde**. Mönche errichteten den 500 Jahre alten Backsteinbau mit den grünen Fensterläden und dem rustikalen Holzfußboden, heute genießen Radfahrer unter Linden und Schirmen selbst gerösteten Kaffee und Flunder auf heißen Stachelbeeren.
Die malerische **St.-Katharinen-Kirche** an der Dorfstraße wurde in dieser Form im 15. Jahrhundert errichtet und beherbergt einen geschnitzten Flügelaltar von 1480, auf dem die Geschichte der heiligen Katharina abgebildet ist. Der kleine Backsteinbau mit den eingearbeiteten Feldsteinen stand bereits öfter Modell, für Adolph von Menzel zum Beispiel, oder für Lyonel Feininger.

Im von Linden beschatteten Garten des Gasthauses Zur Linde (oben) lässt es sich gut rasten. Der Chorraum der gotischen St.-Katharinen-Kirche (unten) wurde vermutlich schon um 1350 gebaut. Sehenswert ist auch der neben der Kirche gelegene Friedhof.

Wo: An der Niederung zur Hagenschen Wiek gelegen, einer Bucht des Greifswalder Boddens, auf der Westseite der Halbinsel Mönchgut
Infos: Kurverwaltung Middelhagen, Dorfstraße 4, 18586 Middelhagen, Tel. 038308/2153, www.middelhagen.de
Highlights: Die Atmosphäre im historischen Dorfkern mit reetgedeckten Häuschen, Keramikhaus von Thom Wilcke, Schulmuseum, Kirche mit Katharinenaltar, Windmühle hinter dem Deich in Richtung Lobbe

Mönchgut, Granitz und die Seebäder

In dem 1825 erbauten Fachwerkhaus wurden früher Middelhäger Kinder unterrichtet. Heute befindet sich in dem weißen Bau an der St.-Katharinen-Kirche ein Schulmuseum. Besucher können immer mittwochs eine historische Schulstunde erleben.

Auch das **Schulmuseum** im alten Küsterhaus gegenüber der Kirche aus dem Jahr 1825 erzählt von vergangenen Zeiten. Etwa 150 Jahre lang wurden hier Kinder aus Middelhagen unterrichtet, die jetzt über das Mönchgut nach Göhren, Binz oder Bergen fahren. Wer seine Hausaufgaben nicht gemacht hat, bekommt noch heute den Rohrstock zu spüren – allerdings sanft und nur bei den besonderen „historischen Schulstunden".

Welter an der Hagenschen Wiek entlang. Links die abwechslungsreiche Landschaft mit Blick zu den Zicker Bergen, rechts reetgedeckte Häuschen und Gartencafés. Das Auge erholt sich – und der Körper genießt bei Judith und Martin Powilleit im **Gartencafé** ein Stück der wunderbaren Birnen-Vanille-Torte – oder sitzt mit süßen Leckereien an einem romantischen Teich mit abendlichem Frosch-Gequake im **Froschkönig**.

Tipps: Schulmuseum Middelhagen, Dorfstraße 1, 18586 Middelhagen, Tel. 038308/2478, www.middelhagen.de/schulmuseum/; Hotel & Gasthof Zur Linde, Dorfstraße 20, Tel. 038308/5540, www.zur-linde-ruegen.de; Café Zum Froschkönig, Dorfstraße 24, Tel. 038308/25663

Genießen, was die Natur bietet
Alt Reddevitz

Der Weg nach **Alt Reddevitz** führt an den Reethäusern von Mariendorf vorbei, am Naturstrand entlang, an dem auch in der Hochsaison nur wenige Menschen zu finden sind. Wer hierher kommt, kann genießen, was die Natur bietet: das flache Wasser und den weichen Sand, die Muscheln und Steine und den Blick auf die Fischerboote, die auf den Wellen schaukeln.

Die Halbinsel Reddevitzer Höft ist durch Landwirtschaft geprägt.

Der Ort ist das Tor zum **Reddevitzer Höft**. Ein Spaziergang auf der idyllischen Landzunge zwischen Having im Norden und der Hagenschen Wiek im Süden führt über etwa vier Kilometer zur Steilküste an der westlichen Spitze, die 33 Meter hoch in den Greifswalder Bodden ragt.

Im ersten Haus von Alt Reddevitz ist das **Café Moccavino** beheimatet – mit so hohen Torten, dass man meinen könnte, der Bäcker hätte aus Versehen eine über die andere gebacken. Nebenan ist der Lindenhof von Familie Pisch. Im Hofladen mit Tee- und Kaffeestube gibt es die berühmte blau-weiße Mönchguter Keramik und Produkte aus der Region. Und wenn es Zeit fürs Abendessen ist, gibt es frischen Fisch in der **Gaststätte Am Wasser**. Dorsch zum Beispiel, in Sesamhülle mit Koriander-Mango-Salsa und Duftreis.

Wo: Zwischen Having und der Hagenschen Wiek gelegen, auf der Ostseite der Halbinsel Mönchgut
Highlights: Kliesows Fischreuse, Whisky-Hofbrennerei Strandburg, Naturschutzgebiet Reddevitzer Höft
Tipps: Café Moccavino, Alt-Reddevitz Nr. 18a, Tel. 038308/66336, www.moccavino.com; Restaurant Am Wasser, Alt Reddevitz 25, Tel. 038308/25973, www.restaurant-am-wasser.de

25 Kilometer über die Halbinsel
Radtour über das Mönchgut

Für viele Besucher ist die Halbinsel Mönchgut der schönste Teil der Insel Rügen. Hier kann man wandernd oder schlendernd die urwüchsige Schönheit der Orte und Landschaften entdecken. Doch auch für Radfahrer ist dieser südöstliche Teil der Insel mit seinen kurzen Wegen und den wenigen, geringen Steigungen ein Paradies.
Ein guter Startpunkt für eine Rundtour ist die Seebrücke in **Sellin** (siehe S. 38). Sie ist das Wahrzeichen des Ostseebades, 1978 wurde die alte, erstmals 1906 eingeweihte Brücke abgerissen. Seit 1998 gibt es eine neue, anhand von alten Plänen und Postkarten wiederhergestellte Konstruktion. Auf fast 400 Metern Länge sind Restaurants und Veranstaltungsräume angeordnet – das alles umgeben vom Meer.
Von hier geht die Fahrt weiter durch den Ortskern Richtung **Selliner See**. Von dort führt ein asphaltierter Weg nach Süden in das Reich der Mönche, in das rund zwei Kilometer entfernte **Baabe** (s. S. 16). Besonders sehenswert ist der Kurpark in der Ortsmitte. In der Hauptstraße können Besucher auf einer Länge von 1000 Metern unter 220 zu Bögen geformten Linden spazieren. Stündlich schnauft der Rasende Roland, die historische Schmalspurbahn der Insel, durch den Ort. Am Bahnhof beginnt ein Deich, auf dem der Radfahrer zum Bollwerk gelangt. Dort kann man dem ausgeschilderten Weg nach **Alt Reddevitz** (s. S. 31)

Wo: Radtour vom Ostseebad Sellin über Baabe, Middelhagen und Thiessow nach Göhren und mit dem Rasenden Roland oder mit dem Rad durch die Baaber Heide zurück
Infos: etwa 32 Kilometer lang, gut ausgebaute Radwege, zwischen Baaber Bollwerk und Alt Reddevitz ist es hügelig und der Boden teilweise sandig, eine Steigung in Göhren, Ausschilderung sehr gut, für Familien geeignet
Highlights: Seebrücke und Wilhelmstraße in Sellin, Lindenallee in Baabe, Pfarrkirche St. Katharina und Schulmuseum in Middelhagen, Hafen und Lotsenturm in Thiessow, Bernsteinpromenade in Göhren

Radtour über das Mönchgut

folgen. Nur vier Kilometer sind es bis zur ältesten Reihenhaussiedlung des Mönchguts. Am Ende des Ortes biegt der Weg links nach Middelhagen ab. Die Aussicht auf die sanften Hügel der **Zicker Berge** und die Fischerhäuser ist prächtig.

In **Middelhagen** (s. S. 29) sollte man sich Zeit für eine Pause nehmen und vielleicht zur Erfrischung passenderweise ein Radler trinken, das hier Alsterwasser heißt. Vor 700 Jahren wurde das Dorf von Zisterziensermönchen aus Eldena gegründet. Zu sehen sind die um 1430 aus Feld- und Backsteinen erbaute Pfarrkirche St. Katharina, das Schulmuseum, das Breedehaus und das niederdeutsche Hallenhaus. Und natürlich gibt es entlang der Dorfstraße einige Cafés, in denen sich der Radfahrer neue Energie in Form grandioser selbstgebackener Torten zuführen kann.

Dann geht es weiter auf dem Deich am **Windschöpfwerk in Lobbe** vorbei. Das technische Denkmal entwässerte früher die Sumpfgebiete. Ein Radweg durch den Wald führt nach **Thiessow** (s. S. 26). Hier ist man an der Südspitze der Halbinsel Mönchgut angekommen. Umgeben von Wasser, ist Thiessow ein traditioneller Fischer- und Lotsenort. Wer das Fahrrad kurz abstellt und den 36 Meter hohen Lotsenberg mit seinem Turm erklimmt, wird mit einem tollen Blick über das Südperd bis hin zu den Inseln Ruden und Greifswalder Oie (s. S. 36) sowie der pommerschen Küste belohnt. Dienstags und donnerstags bieten regionale Produzenten ihre Waren auf dem Rügen-Markt am Hafen in Thiessow an.

So gestärkt geht es durch den Wald zurück nach Lobbe und von dort aus an der Küste entlang in Richtung Göhren. Der Strand ist weiß und fein, und hier an der Ostseite von Rügen weht auch der Wind in der Regel fahrradfreundlich mäßig. In **Göhren** (s. S. 21) ist der Reisende am östlichsten Punkt der Insel Rügen, dem Kap Nordperd. Es trennt die zwei Strände des Seebads, den Süd- und den Nordstrand. An letzterem gibt es eine Seebrücke, die 270 Meter in die Ostsee hineinreicht, und davor die drei Kilometer lange Bernsteinpromenade mit Musikpavillon. 300 Meter vom Ufer entfernt liegt der **Buskam** im Wasser. Er ist mit einem Gewicht von 1600 Tonnen der schwerste Findling in der Ostsee. Im belebten Ortskern befin-

Radtour über das Mönchgut 🚲

Als wäre die Zeit in den Zicker Bergen stehen geblieben. Trockenrasen ist hier die herrschende Vegetationsform. Die reetgedeckten Häuschen gehören zu Groß Zicker, einem der schönsten Orte auf Rügen.

den sich viele weiße Häuser im Bäderstil, Restaurants und Geschäfte. Wer hier länger verweilen möchte, schaut an der Komödie Rügen (s. S. 25) in der Waldstraße vorbei. Dort führt das Schauspielerpaar Anja Pirling und Thomas Waldkircher eigene Stücke und beliebte Klassiker auf.

Vom bronzezeitlichen **Hügelgrab Speckbusch** aus, einer Anhöhe neben der Dorfkirche aus den 1930er-Jahren, dessen Türme aufgrund ihrer erhöhten Lage auf ganz Mönchgut zu sehen sind, kann man gut Sonnenuntergänge beobachten. Bevor es jedoch ganz dunkel wird, sollten Sie den Rückweg antreten, der Sie durch den Ortskern zum Bahnhof des Rasenden Rolands führt. Wer möchte, kann jetzt mit dem altertümlichen Dampfzug zurück nach Sellin fahren. Ehrgeizigere Radfahrer gelangen durch die Baaber Heide und durch Baabe zurück zum Startpunkt nach Sellin und können in einem der Restaurants bei frischem Fisch stolz auf eine 32 Kilometer lange Rundtour zurückblicken.

Faszinierende Tier- und Pflanzenwelt
Greifswalder Oie

Es gab Zeiten, da liefen 600 Menschen gleichzeitig über die nur 1,5 Kilometer lange und bis zu 570 Meter breite **Greifswalder Oie** in der südlichen Ostsee. „Das war gleich nach der Wende", sagt Mathias Mähler, als die Insel praktisch „herrenlos" war. Der Thüringer lebt auf der Oie und leitet dort die größte deutsche Vogelberingungsstation. Er kennt die Geschichte der Insel genau und erzählt sie gern den wenigen Besuchern, die mit Schiffen von Gager, Peenemünde oder Freest aus auf die Oie gelangen. Sie dürfen die Insel zwei Stunden lang auf ausgewiesenen Pfaden erkunden. Seit August 1993 wacht der Ahrensburger Verein Jordsand – eine Organisation zum Schutz der Seevögel und der Natur – darüber, dass die landschaftlich reizvolle Insel und das Oier Riff mit den geologischen Besonderheiten erhalten bleiben. Der Hafen darf nur in Not- und Havarie-Situationen genutzt werden.

Auf der Oie gibt es weder Sanitäranlagen noch Ver- und Entsorgungseinrichtungen, Rauchen und Baden sind nicht gestattet. Besucher erfahren, dass die Insel unter den Nationalsozialisten militärisches Sperrgebiet war. Bis 1945 starteten hier Raketen, die Ruine eines Beobachtungsbunkers ist noch zu sehen. Zu DDR-Zeiten

Wo: In der südlichen Ostsee, zu sehen zum Beispiel vom Nordperd Göhren und vom Lotsenberg in Thiessow
Infos: Fahrten zur Greifswalder Oie mit zwei Stunden Landgang ab Hafen Gager mit der Boddenreederei Rügen, 18586 Gager, Tel. 038308/8389, www.boddenreederei-ruegen.de, Vorbuchung erforderlich, Hunde sind auf der Insel Oie nicht erlaubt
Highlights: Der Blick auf die Südseite der Insel Rügen, auf die Inseln Vilm und Ruden von Bord des Motorschiffes „Hanseat", Schifffahrt von Peenemünde aus mit dem Motorschiff „Seeadler" über den nördlichen Peenestrom, vorbei an der Nordspitze der Insel Usedom und der Lotseninsel Ruden, faszinierende Tier- und Pflanzenwelt auf der Oie, Besichtigung des Leuchtturms

Die Greifswalder Oie ist heute Naturschutzgebiet und wird vom Verein Jordsand betreut. Die Optik des bereits 1853 bis 1855 erbauten Leuchtturms ist die lichtstärkste in Mecklenburg-Vorpommern.

war die Insel von der Nationalen Volksarmee (NVA) besetzt. Jetzt sei es notwendig, die Oie als Naturschutzgebiet zu erhalten, betont Mähler: „Als einzige deutsche Insel in der südöstlichen Ostsee hat das Eiland eine besondere Bedeutung für den Vogelzug." Zu den häufigsten Vogelarten zählen das Rotkehlchen und das Wintergoldhähnchen. Die Vögel werden im Inselhof beringt, vermessen und gewogen. Mit den gesammelten Daten können die Wissenschaftler und ehrenamtlichen Helfer unter anderem Zugwege und Herkunft der Vögel nachweisen.

Weithin leuchtet das Licht des 49 Meter hohen Leuchtturms – der lichtstärkste in Mecklenburg-Vorpommern. Als ob er mahnen will: Erhaltet dieses Refugium!

Bäderarchitektur vom Feinsten
Sellin

Sonnenaufgang am Hochufer in **Sellin**. Der Himmel brennt. Der Sonnenball lugt über den Horizont. Höher und höher steigt er aus der Ostsee empor. Alles rot, dann orange, gelb … Wasser, Himmel, Strand, Kliff. Auch Buchen und Gräser werden in ein warmes Licht getaucht. Am Fuße der **Himmelsleiter**, die über 99 Stufen die Steilküste hinab zum Strand führt, rauscht es. Die Wellen klatschen verlässlich gleichmäßig gegen Steine aller Größen. Fischerboote schaukeln auf der offenen See. Eine Frau streift ihre Kleider ab, geht Schritt für Schritt in die noch kühle Ostsee. Ihre langen Haare wehen im Wind. Möwen kreisen, stürzen kopfüber ins Wasser. Eine angelt sich einen zappelnden Fisch und flüchtet vor den hungrigen Artgenossen.

Jogger wirbeln Sand auf. So ist der Morgen am Strand von Sellin. Frühstück in den Mecklenburger Backstuben an der **Seebrücke**. Bereits 1906 wurde hier der erste Anleger mit Restaurant erbaut, der durch Packeis und Feuer in den nächsten Jahrzehnten immer wieder zerstört wurde. Erst 1998 konnte die jetzige, nach den historischen Vorbildern von 1906 und 1925 erbaute Seebrücke wiedereröffnet werden. Die Restaurants Palmengarten und Kaiserpavillon laden auch bei stürmischem Wetter ein, den Blick auf die See zu genießen. Oder man geht am Ende des 394 Meter langen Anlegers mit der **Tauchgondel** auf einen Ausflug zum Meeresgrund. Wer keine Lust auf Baden am feinsandigen Strand hat, bummelt die zentrale **Wilhelmstraße** ent-

Wo: Im Südosten der Insel Rügen
Infos: Kurverwaltung Sellin, Warmbadstraße 4, 18586 Ostseebad Sellin, Tel. 038303/160 und 16222, www.ostseebad-sellin.de; Infopoint: Seeparkpromenade 1, 18586 Ostseebad Sellin
Highlights: Sonnenaufgang am Hochufer, Seebrücke mit Brückenhaus, Wilhelmstraße mit weißen Villen im Stil der Bäderarchitektur
Tipp: Bernsteinmuseum Sellin, Granitzer Str. 43, 18586 Ostseebad Sellin, Tel. 038303-87279, www.bernsteinmuseum-sellin.de

Wie ein Schloss über dem Meer strahlt die Selliner Seebrücke. Im Glaspavillon Palmengarten (links) werden Cocktails und Kaffeespezialitäten angeboten, im Kaiserpavillon (rechts) im wilhelminischen Stil werden Fischgerichte serviert. Am Brückenkopf können Mutige mit einer Tauchgondel die Unterwasserwelt der Ostsee erkunden.

lang: schmucke weiße Villen mit bewegten Geschichten. Errichtet wurden sie um 1900, als die Sommerfrischler in das ehemalige Fischerdorf strömten, nachdem auch Sellin 1895 an das Netz der Schmalspurbahn angeschlossen worden war. Nach 1945 kamen Flüchtlinge und fanden hier für kurze Zeit ein Zuhause. 1953 verloren viele Hotel- und Pensionsbesitzer bei der „Aktion Rose" ihre Häuser an die DDR-Regierung, die daraus unter anderem Ferienheime für die volkseigenen Betriebe machte. Nachdem viele Gebäude über die Jahre verfielen, erstrahlen sie heute wieder im neuen Glanz.

Überhaupt sind die Villen in Sellin ganz besonders: Sie sind reich verziert mit Balkonen, Türmchen, Erkern, Säulen und Balustraden, einige sogar mit Blumenranken, Muscheln und Meeresungeheuern. Was heute als **Bäderarchitektur** bezeichnet wird, ist ein Mix aus verschiedenen Epochen, aus Klassizismus, Historismus, Jugendstil. Immer wieder gibt es

Villen im Stil der Bäderarchitektur säumen die Wilhelmstraße in Sellin. Die meisten von ihnen sind liebevoll saniert und bieten Platz für Gäste.

beim Spaziergang Neues zu entdecken, vorbei an Geschäften, Restaurants, Cafés. Lindenbäumchen links und rechts. Im Sommer sind hier viele Familien mit Kindern, im Frühjahr und Herbst eher ältere Menschen. Die Treppe rechts führt hinauf zum **Kurpark Friedensberg**. Ihm werden besondere Kräfte nachgesagt – vielleicht, weil Berge auf Rügen so selten sind.

An der Ecke Wilhelmstraße/ Granitzer Straße, hinter dem Bernsteinfachgeschäft, ist das **Bernsteinmuseum** zu finden. Das Haus ist unscheinbar, das Museum sehr klein, doch trotzdem sehr sehenswert. Besucher erfahren, dass der Bernstein kein Stein im eigentlichen Sinn ist, sondern fossiles Harz, und wie die Fossilien in den gelborange schimmernden Schmuckstein gekommen sind. Auch der größte Bernstein der Insel Rügen ist hier zu sehen: Er wiegt 1686 Gramm und erinnert von der Form her an ein kleines Mischbrot. Werfen Sie einen Blick auf die Kopie der Bernsteinkrone. Das Original befindet sich in der Kurverwaltung Göhren. Beide wurden von Goldschmiedemeister Jürgen Kintzel gefertigt, der auch das Museum unterhält.

Durch die Seeparkpassage führt der Weg zum Seepark, eine neuzeitliche Appartementanlage im Bäderstil. Natürlich gibt es auch hier Restaurants, Geschäfte, eine Galerie, eine Töpferei, vor allem aber das „Inselparadies" mit Schwimmbecken, Riesenrutsche und Saunalandschaft. Auf der großen Wiese finden in der warmen Jahreszeit Töpfermärkte statt, im Winter lockt eine Eisbahn. Stündlich dampft geräuschvoll der Rasende Roland vorbei.

Im Hinterland führen gut ausgeschilderte Rad- und Wanderwege über sanfte Hügel, an stillen Seen und kleinen Orten vorbei. Die **Bockwindmühle von Altensien** ist eine der wenigen erhaltenen Mühlen der Region, von denen es zwischen Neukamp am Rügenschen Bodden und Thiessow einst 27 Stück gab. Im Gerätehaus ist die Geschichte der Mühlen dargestellt. Einmal in der Woche wird hier in den Sommermonaten Brot auf traditionelle Weise gebacken. Die schönsten Sonnenuntergänge lassen sich am **Selliner See** beobachten. Dann färben sich Himmel und See wieder orange bis glutrot. Radfahrer steigen von ihren Rädern. Kameras klicken. Schwäne schauen kurz auf und schwimmen Richtung Schilf. Der Turm vom Jagdschloss Granitz verschwindet in der Dunkelheit.

In Altensien bei Sellin dreht sich eine Bockwindmühle. Diese hat der letzte Mühlenbaumeister Mecklenburg-Vorpommerns 2006 neu errichtet.

Alles über Fischerei und Bootsbau
Das Seefahrermuseum Sellin

Chronist Gerhard Parchow ist ein echter Selliner. Vor rund 70 Jahren wurde er in dem Ostseebad auf Deutschlands größter Insel geboren. Bereits als Kind lauschte er den Geschichten über den Heimatort, die ihm sein Großvater, Fischer wie die meisten hier, beim Netzeflicken erzählte. Seit mehr als 50 Jahren sammelt er nun alles, was mit Sellin zu tun hat: Fotos, Schriften, Bücher, Postkarten, Andenken. Da kam ihm das Anliegen des Bürgermeisters gerade recht, zur Verfügung stehende Gelder aus dem sogenannten Leader-Förderprogramm der EU zur Entwicklung ländlicher Räume für ein Projekt einzusetzen. „An einem Wochenende wurde die Idee des Fischer- und Seefahrerhauses geboren und ein Konzept ausgearbeitet", erinnert sich Parchow. Das, was er über die Jahrzehnte gesammelt hat, wird nun in einem Museum an der Seestraße gezeigt. Auch die umfangreiche volks-

Im Seefahrerhaus in Sellin sind Exponate der Arbeits- und Erlebniswelt der Fischer und Seemänner ausgestellt.

kundliche maritime Sammlung des Berliner Wissenschaftlers und Schriftstellers Dr. Wolfgang Rudolph hat dort ihren festen Platz gefunden. Rudolph wurde in der Region vor allem durch seine Bücher „Die Insel Rügen" und „Die Insel der Schiffer" bekannt. Doch das Haus ist mehr als ein Museum. Die Themen Fischerei, Bootsbau, Navigation und Seemannsmitbringsel werden liebevoll und authentisch dargestellt, aber es sind vor allem die persönlichen Erzählungen, die einen Besuch zu einem emotionalen

Wo: An der Seestraße in Sellin im Südosten der Insel Rügen, direkt am Selliner See
Infos: Museum Seefahrerhaus Sellin, Seestraße 17b, 18586 Ostseebad Sellin, Tel. 038303/371105; der Eintritt ist frei

Das Seefahrermuseum Sellin

Ein Fischerboot weist den Weg zum Seefahrermuseum Sellin. Der reetgedeckte Neubau befindet sich direkt am Selliner See. Der Eintritt ist frei.

Erlebnis werden lassen. Parchow beschreibt beispielsweise begeistert die Geschichte des Yachtschoners „Argus", der 1904 in der damaligen Krügerwerft im unweit entfernten Seedorf gebaut wurde. Oder die Sache mit den Ohrringen, die der Oberlotse Friedrich Parchow aus Baabe um 1900 seinem Patenkind Frieda schenkte, und dem Krug, den sein Onkel aus England mitgebracht und aus dem er als Kind so gern Kakao getrunken hatte. Im Obergeschoss des Museums ist die Sammlung des Seedorfer Fischers Uwe Kankel zu sehen. Ihr Titel: „Versteinertes Leben – Fossilien von der Insel Rügen". Zu finden ist das **Seefahrermuseum** ganz einfach: Ein altes Fischerboot weist von der Straßenseite darauf hin, ein Radweg führt direkt daran vorbei. Und von der Terrasse hat man einen wunderbaren Blick auf den Selliner See mit dem Hügelland.

Von Schluchten, Seen und Schlössern
Das Waldgebiet Granitz

Buchen, so weit das Auge reicht: Das fast 1000 Hektar große, unter Naturschutz stehende **Waldgebiet Granitz** zwischen den Ostseebädern Sellin und Binz im Südosten der Insel Rügen gehört zu den schönsten **Wandergebieten** im Norden Deutschlands und ist ein echter Zauberwald. Es gibt ein Schloss, einen Schwarzen See, gut ausgebaute Wander- und Radwege, schmale Pfade und viele Hügel. Im Frühjahr rollt die Natur hier einen weißen Teppich aus, dann ist der Boden mit Buschwindröschen übersät. Von den Hochuferwegen an der Steilküste hat man einen fantastischen Blick auf die offene See. Ausflugsschiffe, Frachter am Horizont, hoch fliegende Möwen. Sogar Seehunde hat es hier mal gegeben. Bäume halten sich mit letzter Kraft am Kliff fest. Einige haben den Kampf gegen die Naturgewalten verloren und sind mit einem Krachen auf den steinigen Strand gestürzt. Durch die bewaldeten Hügel schnauft der Rasende Roland, die historische Schmalspurbahn der Insel. Mitten im Wald gibt es einen Haltepunkt am **Jagdschloss Granitz** auf dem 107 Meter hohen **Tempelberg**. Erbauen ließ es Fürst Wilhelm Malte I. zu Putbus in den Jahren 1838 bis 1846 vom Berliner Baumeister Johann Gottfried Steinmeyer, der auch viele Jahre in

Wo: Waldgebiet zwischen den Ostseebädern Binz und Sellin im Südosten der Insel Rügen
Infos: Ganzjährige Wanderungen werden von der Kurverwaltung Ostseebad Binz angeboten, Im Haus des Gastes, Heinrich-Heine-Straße 7, 18609 Ostseebad Binz, Tel. 038393/148148, www.ostseebad-binz.de
Highlights: Mit dem Mountainbike durch die hügelige Granitz, Vollmondwanderung von Binz zum Jagdschloss (Kurverwaltung Binz)
Anfahrt: Erreichbar mit dem Rasenden Roland (Haltestelle Jagdschloss), mit dem Jagdschloss-Express (ab Seebrücke Binz), per pedes (40 Minuten Fußweg vom Parkplatz Jagdschloss Binz-Ost) oder Parkmöglichkeiten in Sellin nutzen und den Hochuferweg entlang laufen
Tipp: Jagdschloss Granitz, Tel. 038393/66710, www.granitz-jagdschloss.de

Das Waldgebiet Granitz

Putbus tätig war. Der 38 Meter hohe fünfte Turm in der Mitte der Anlage wurde später nach Plänen von Karl Friedrich Schinkel hinzugefügt. Eine gusseiserne, freitragende **Wendeltreppe** von 1844 führt 154 Gitterstufen hinauf zu dem zentralen Schlossturm. Belohnt wird der Aufstieg mit einer grandiosen Aussicht! In der Ferne die Halbinsel Mönchgut, die Kreidefelsen, das Ostseebad Binz mit dem Schmachter See, die Insel Vilm im Greifswalder Bodden. Doch auch im Inneren des Schlosses gibt es Attraktionen, wie die restaurierten Gemächer des Fürsten mit Rittersaal, Speisesaal, Damensalon und Marmorsaal, oder das urige Wirtshaus Alte Brennerei im Keller. Zu DDR-Zeiten verschlossen, ist das Jagdschloss heute ein Besuchermagnet. Beim Weitergehen durch den Wald plötzlich ein geheimnisvolles Gewässer: der **Schwarze See**. Seinen Namen hat er von dem

Das Jagdschloss gehört zu den meistbesuchten Schlössern in Mecklenburg-Vorpommern und befindet sich auf dem Tempelberg, dem höchsten Berg in der Granitz. Der Aufstieg auf den Mittelturm über die freitragende Wendeltreppe (links) ist nichts für schwache Nerven und Menschen mit Höhenangst.

moorigen Grund. Fieberklee, Moosbeere und Rosmarinheide wachsen am Ufer, riesige Bäume, zum Teil umgestürzt, stark bemoost und mit Pilzen bewachsen. Ein hölzerner Steg führt auf den 23 Hektar großen und bis zu 15 Meter tiefen See. Früher soll hier der Sage nach ein Schloss gestanden haben.

Ein Seebad mit Tradition
Binz

Binz wurde 2013 als beliebtester deutscher Badeurlaubsort mit dem HolidayCheck Destination Award ausgezeichnet. Nicht, dass es dieser Ehrung noch bedurft hätte, denn schon seit dem 19. Jahrhundert ist der Ort an der Ostküste Rügens als Seebad beliebt. Ursprünglich war „Byntze" ein kleines Fischerdorf, dessen Reste man noch heute im alten Dorfkern erkennen kann, eingebettet zwischen Wasser und Bäumen, in die Schmale Heide mit dem romantischen **Schmachter See** und dem Wald der Granitz. Bereits um 1830 badeten Gäste von Fürst Wilhelm Malte I. zu Putbus in der windgeschützten Bucht. 1875 wurde die erste Verbindungsstraße zum weißen Strand errichtet, kurz danach erfolgte die offizielle Ernennung zum Badeort. Die heute über drei Kilometer lange **Strandpromenade** wurde angelegt, ebenso die Seebrücke, der Musikpavillon und der Anschluss an die Kleinbahn, die bis heute schnaufend die Gäste nach Binz bringt. Das prächtige historische **Kurhaus** direkt an der Promenade, Wahrzeichen des Ostseebads und beliebtes Fotomotiv, zog schon Anfang des 20. Jahrhunderts wohlhabende Gäste an und beherbergt auch heute ein Luxushotel. Natürlich ist das Gesicht des Ortes geprägt von den weißen Villen mit Balkonen, Türmchen und Erkern, den Logierhäusern mit geheimnisvollen Namen von Schutzgöttinnen wie „Freia" oder einfach dem Vornamen der Frau des Erbauers. Nachdem die **Bäderarchitektur** im Zuge der Enteignung 1953 in der DDR-Zeit ihren Glanz verloren hatte, wurden die Gebäude in den letzten Jahren aufwendig und liebevoll saniert.

Wo: Im Südosten der Insel Rügen
Infos: Kurverwaltung Ostseebad Binz, Im Haus des Gastes, Heinrich-Heine-Straße 7, 18609 Ostseebad Binz, Tel. 038393/148148, www.ostseebad-binz.de
Highlights: Strandspaziergang in den frühen Morgenstunden, Strandpromenade und Hauptstraße mit Villen im Stil der Bäderarchitektur, Park der Sinne am Schmachter See, Waldgebiet Granitz

Das Ostseebad Binz mit seiner 370 Meter langen Seebrücke, dem bereits 1890 eröffneten und inzwischen aufwendig modernisierten Kurhaus (Bildmitte) und der prachtvollen Bäderarchitektur ist mit seinem feinen Sandstrand, der sanft in die Ostsee abfällt, sehr beliebt.

Gerade in den Sommermonaten ist der Ort voll pulsierendem Leben. Auf der Promenade und den Nebenstraßen öffnen Boutiquen und Designer-Läden, neben Restaurants und Caféhäusern gibt es Kunsthandwerk und Souvenirs, und regelmäßig landen die Ausflugsdampfer an der **Seebrücke** an. Der erste Anleger war hier bereits 1902 errichtet worden, um den Passagieren das Ausschiffen zu erleichtern. Doch 1912 ertranken ein Dutzend Menschen, als beim Anlegen des Bäderdampfers „Kronprinz Wilhelm" die Balken der Brücke unter den Menschenmassen brachen und kaum jemand qualifizierte Hilfe leisten konnte. Dieses Unglück gab den Anstoß zur Gründung der Deutschen Lebens-Rettungs-Gesellschaft e.V. (DLRG), die bis heute an den Ostseestränden über die Badegäste wacht.
Es macht den Reichtum von Binz aus, neben dem lustvollen Strandleben auch Orte der Ruhe bereitzuhalten. Die **Kirche Stella Maris** ist ein solcher. Sie ist eine von nur vier katholischen Kirchen auf Rügen. Erst 1924 wurde hier

Mönchgut, Granitz und die Seebäder

Immer der Nase nach: Am Fischerstrand im Süden wirkt Jürgen Kuse (rechts). Er ist der letzte Fischer von Binz. Den Fisch gibt es frisch geräuchert in seinem Imbiss am Strand.

durch den Wiener Professor Wilhelm Bong ein katholisches Kinderheim mit dazugehöriger Kapelle gegründet. Der schlichte weiße Saalbau wurde 2009 mit einem modernen Rundbau erweitert – geschuldet auch der großen Beliebtheit von Binz als Reiseort. Wer schon in den frühen Morgenstunden hinunter zum Fischerstrand im Osten von Binz geht, trifft dort vielleicht auf den letzten Fischer des Ortes. Er heißt Jürgen Kuse, ist Fischer in vierter Generation und fährt früh um 4 Uhr auf die Prorer Wiek hinaus, um Dorsch, Scholle und Hering anzulanden. Wann immer die Männer in ihrem orangefarbenen Ölzeug die Fische aus den Netzen holen, kreisen Hunderte von Möwen mit viel Geschrei um sie herum, um herunterfallende Fische sofort zu packen und hinunterzuschlingen. Die fangfrischen Meeresschätze räuchert Jürgen Kuse direkt am Strand über bestem Buchenholz.

Weiße Villen am weißen Strand
Binz und seine Ikonen der Bäderarchitektur

Als Hans-Ulrich Bauer aus Heringsdorf das erste Mal auf „Undine" traf, war es Liebe auf den ersten Blick. Der gebürtige Swinemünder fragte seinen damaligen Reiseleiter nach der roten Schönheit mit dem dunklen Haupt an der Binzer Strandpromenade. „Dieser schickte mir einen Artikel aus einer Heimatbroschüre über die Berühmtheit", erinnert sich der Rentner. Das war vor mehr als zehn Jahren. Heute ist Hans-Ulrich Bauer mit „Undine" bestens vertraut und besucht sie regelmäßig.

Die Liebe zwischen den beiden ist keine gewöhnliche. „Undine" ist eine von mindestens sechs erhaltenen Villen auf Rügen aus der Produktion der Firma „Wolgaster Actien-Gesellschaft für Holzbearbeitung", erbaut 1885 von dem ersten Fertighaus-Betrieb in Deutschland. Für den Autor Bauer gehören diese und viele weitere Holzvillen in Binz, wie „Ruscha" und „Liliput", die „Strandhalle" und das Haus „Wasserhuhn", zu den Ikonen der **Bäderarchitektur**. „Viele Häuser wurden nach der Wende mit großem Aufwand restauriert. Für die Besitzer ist ihre Pflege und Erhaltung zur Lebensaufgabe geworden", weiß Bauer. Die meisten Villen befinden sich direkt an der

Die hölzerne Villa Undine befindet sich seit 1992 wieder in Familienbesitz und gehört zu den schönsten Wolgasthäusern (Fertighäuser) auf Rügen.

Wo: Im Ostseebad Binz im Südosten der Insel Rügen
Infos: Führungen werden von der Kurverwaltung Ostseebad Binz angeboten, Im Haus des Gastes, Heinrich-Heine-Straße 7, 18609 Ostseebad Binz, Tel. 038393/148148, www.ostseebad-binz.de

Die Hauptstraße, die auf den Strand zuführt, ist die Prachtstraße von Binz. In den Sommermonaten pulsiert hier das Leben. Wer Trubel liebt, ist am richtigen Platz,

breiten **Strandpromenade**, die nur durch ein schmales Kiefernwäldchen und der Düne vom weißen Ostseestrand entfernt ist. Neben den sogenannten Wolgasthäusern befinden sich mittlerweile viele weitere rekonstruierte Villen. Im Sommer und zu den Feiertagen genießen hier mehrere Tausend Gäste auf offenen Balkonen und in Loggien ihre Ferienträume. In der kühlen Jahreszeit sind die Einheimischen wieder unter sich und treffen sich in einem der vielen Restaurants und Cafés an der Promenade und in der Hauptstraße zum Klönschnack.

Le petit Montmartre
Künstlermeile Binz

Bunt bemalte Bänke, Vogelhäuschen aus Keramik, dazwischen auf Leinwand eingefangene Himmel, Wasser und Bäume. Zwischen weißen Villen und Ostseestrand präsentieren Künstler ihre Werke. Die Binzer **Margaretenstraße**, eine Querverbindung zwischen Strandpromenade und Schmachter See, ist die Straße der Kreativen. „Ich habe mich am Anfang auf eine Parkbank gesetzt und meine Postkarten verschenkt", erzählt Robert Denier, der Gründer der Binzer Künstlergruppe „Le petit Montmartre" und heutiger Betreiber einer eigenen Galerie. Dort ist auch Maler Andreas Schiller häufig zu finden. Seine Serienmalereien sind in Hamburg, München, New York und Wien zu sehen, legendär ist die Bilderserie „Saint Dog Pivo". Die beiden Lebenskünstler und Freunde sind außerdem Mitglieder der Berliner Künstlerinitiative Tacheles.

Nebenan sind Steinzeug und Geschirr in den Farben des Meeres aufgestellt und weisen den Weg in das Atelier, in dem die Arbeiten aus Ton und Keramik sorgfältig mit der Hand bemalt werden. In der Glasbläserei ein paar Schritte weiter entstehen am und im Schmelzofen farbenfrohe Vasen, Kugeln, Pferde, Fische, Schnecken. Hier geht es heiß her. Im Schmelzofen herrschen Temperaturen von 1200 Grad. Kunstvolle Objekte sind auch auf der Promenade zu bestaunen. In den Sommermonaten wird sie ganz zur Künstlermeile. Denn dann kommen Künstler und Kunsthandwerker aus der ganzen Bundesrepublik nach Binz und zeigen in überdachten Ständen vor den schneeweißen Häusern ihre Arbeiten. Dekoratives aus Strandholz im Rahmen, Kunstdrucke, Reliefs und Tuchhalter aus Marmorresten.

Wo: Margaretenstraße im Ostseebad Binz
Infos: www.kunstmeile-binz.de
Highlights: Galerien und Ateliers mit feiner Kunst und Kunsthandwerk, bunt bemalte Bänke zum Ausruhen, zur Sommerzeit Künstlermeile unter freiem Himmel auf der Promenade

Hier wird Ambiente großgeschrieben
Strandhalle Binz

Weiß duckt sich das schwedische Holzhaus zwischen die hohen Bäume. 100 Jahre hat es auf dem Buckel, diente ursprünglich im Sommer als Tanzsaal und im Winter als Lager für Strandkörbe. Heute wird man beim Eintreten von einer Stimmung aus Wohlgefühl und Wärme eingenommen. Antike Sofas und Sessel, Tische und Schränke voller Bücher, an den dunklen, hölzernen Wänden in Goldrahmen eingefasste Landschaftsmalereien, im hinteren Bereich eine Bar, ein Klavier. Auf den Tischen brennen Kerzen, stehen Blumen. In der Mitte ein langer grüner Läufer. Von der hohen Decke hängen mehrarmige Kronleuchter. Die **Strandhalle Binz** an der Strandpromenade in Richtung Hochufer ist ein beliebter Treffpunkt. Einer der wenigen, an dem sie zusammenkommen, die Einheimischen und die „Baders und Strandlöpers", wie

Top-Adresse für feines Essen in besonderem Ambiente im Süden von Binz: die Strandhalle.

die ersten Badegäste 1826 von den Binzern genannt wurden – im Sommer und im Winter Selbst in der Nebensaison ist es ratsam, einen Tisch für den Freitagabend zu reservieren. Denn außer der liebevollen Einrichtung ist auch die Küche hervorragend – und preisgekrönt.

Wo: Strandhalle Binz, Strandpromenade 5, 18609 Ostseebad Binz
Infos: Tel. 038393/31564, www.strandhalle-binz.de
Highlights: Das Ambiente, ein Muss für Fischesser: Ostseedorsch unter Kartoffel-Rosmarinkruste auf Wittower Sahne-Wirsing mit Senf-Basilikumsauce

Spuren eines Star-Architekten
Ulrich Müther

Der Rettungsturm am Binzer Strand sieht aus wie ein Ufo. Das Bushäuschen an der Straße nach Prora erinnert an ein Segel. Der Musikpavillon in Sassnitz hat die Form einer Muschel. Der Binzer **Schalenbaumeister Ulrich Müther** (1934–2007) hat die DDR-Moderne geprägt. Gerade an der Küste hinterließ der Architekt seine Spuren. Seit 1963 berechnete, konstruierte und baute der gebürtige Binzer über 50 Schalenbauten im In- und Ausland. Darunter die Rennschlittenbahn in Oberhof oder den Teepott in Warnemünde, aber auch das Nationalplanetarium von Kuwait oder das Raumfahrtzentrum in Tripolis (Libyen). Auf Müthers Heimatinsel Rügen zeugen unter anderem Buswartehäuschen in Binz und Buschvitz, der ehemalige Rettungsturm am Binzer Strand, der Musikpavillon in Sassnitz, eine Galerie in Baabe oder die Gaststätte Ostseeperle in Glowe von seinem Schaffen.

So futuristisch wie der Rüganer hat kaum ein Architekt der DDR-Moderne gebaut. Die Inspirationen für seine spektakulären Schalenkonstruktionen aus Stahlgitter, Drahtnetz und Spritzbeton fand Müther an der Küste, in der heimatlichen Landschaft. Während im Osten Deutschlands in den 1960er- und 1970er-Jahren eine Platte auf die andere zu Siedlungen zusammengesetzt wurde, ging der „Landbaumeister von Rügen", wie er sich selbstironisch nannte, einen anderen Weg. Begegnungen mit anderen Schalenbauern ermutigten ihn zu Versuchen mit Modellbauten aus Segeltuch und zu Gussformen aus Sandhügeln. Mit Versuchsschalen entwickelte der Binzer immer neue Schalenformen.

Wo: Ehemaliger Rettungsturm am Strand in Binz und das Wartehäuschen der ehemaligen Busstation an der Proraer Chaussee, seine Bauwerke sind weltweit zu sehen, zum Beispiel die König-Abdullah-Moschee in Amman (Jordanien) und die Radrennbahn in Havanna (Kuba)

Infos: Sein umfangreiches Archiv wird von der Hochschule Wismar betreut (www.müther-archiv.org)

Mönchgut, Granitz und die Seebäder

Kein Ufo, sondern Standesamt: Dieser ehemalige Rettungsturm steht am Strandzugang 6 in Binz und wurde von Betonschalenbaumeister Ulrich Müther konstruiert.

„Sonderbauten" wurden seine Gebäude genannt. Fachkollegen aus der ganzen Welt schätzen das Werk – Müther gilt als einer der wichtigsten Pioniere des Schalenbetonbaus. Nach der Wende verfielen einige von ihm entworfene Gebäude. Für viele private Investoren war beispielsweise die Betriebsgröße der Müther-Mehrzweckbauten nicht profitabel genug. So nahm der wichtigste Betonschalenbaumeister der DDR die Sanierung seiner Bauten an der Küste noch selbst in die Hand. 2007 verstarb Müther in seinem Heimatort. Seine Frau, Astrid von Zydowitz-Müther, sagte über ihn: „Alles, was er tat, hat er mit Herzblut gemacht." Man kann es spüren, wenn man vor den Objekten steht.

Zauberhafte Welten
Sandschau in Binz

Die Prinzessin auf der Erbse, Schneewittchen und Aschenputtel, Dornröschen, Rapunzel und Frau Holle, Störtebeker, Lügenbaron Münchhausen und sogar Harry Potter … Sommer für Sommer erschaffen Künstler aus aller Welt in zwei Großzelten auf der Festwiese neben dem Binzer Kunstrasenplatz zauberhafte Welten aus Spezialsand. Die Carver, so heißen die Sandbaumeister in der Fachsprache, stammen unter anderem aus Deutschland, Russland, Finnland, Kanada, der Schweiz, Lettland, Polen und Australien. Zunächst pressen sie den losen Sand zu Sandblöcken. Danach erarbeiten sie mit Sägen, Schaufeln, Skalpellen und Pinseln feinste Details. Der besondere Sand dafür wird aus Holland und einem Rügener Tagebau importiert. Er ist scharfkantiger und dadurch gut formbar. Im Winter lagert man davon Tausende Tonnen auf Rügen ein. Jedes Jahr arbeiten die Sand-Gestalter an einem neuen Thema. Für die Kleinen gibt es ein Spezialzelt, in dem sie selbst Skulpturen errichten können. Und wer davon nicht genug bekommen kann, der macht am Binzer Ostseestrand weiter. Allerdings lassen sich die Sandkörnchen dort nicht so schön stapeln wie in der **Sandskulpturenschau**. Dazu sind sie zu rund. Doch aus Sand und Ostseewasser lassen sich tolle Kleckerburgen bauen. Im Sommer kann man sie am ganzen Strand sehen, verziert mit Muscheln, Hölzchen und Federn – mindestens genauso zauberhaft.

Carver aus aller Welt lassen in Binz jährlich neue Kunstwerke aus Sand entstehen.

Wo: Festwiese Binz, Proraer Chaussee, 18609 Ostseebad Binz
Infos: www.sandfest-ruegen.de
Highlights: Kinderzelt zum Burgenbauen

Der Koloss von Rügen
Prora

Feinsten weißen Sandstrand gibt es hier – und dahinter Beton so weit das Auge reicht. Das längste Gebäude der Insel steht im **Seebad Prora**. Entworfen wurden die acht auf einer Länge von 4,5 Kilometer aneinandergereihten Häuserblocks von Architekt Clemens Klotz (1886–1969). 20 000 Menschen sollten während der Zeit des Nationalsozialismus „Kraft durch Freude" bekommen, sich auf der Schmalen Heide zwischen dem Kleinen Jasmunder Bodden und der Prorer Wiek erholen. Der Gesamtentwurf gefiel damals so sehr, dass er auf der Weltausstellung in Paris 1937 mit einem Grand Prix ausgezeichnet wurde. Fertiggestellt wurde der im doppelten Sinn klotzige Bau allerdings nie. Die Bauarbeiter wurden mit Kriegsbeginn zum Raketenversuchsgelände Peenemünde abgezogen, wo die V-Waffen entwickelt wurden. Spätere Sprengversuche der Roten Armee scheiterten an der Betonqualität. Ab 1949 wurden die Gebäude von der Nationalen Volksarmee der DDR genutzt.

Mittlerweile entstehen in Block II moderne Wohnanlagen mit wohlklingenden Hausnamen wie Harmonia, Natura und Verando. In den Blocken III und V gibt es Ausstellungszentren, die sich mit der Geschichte des auch als „Koloss von Rügen" bezeichneten Objekts beschäftigen. Das Motto der Jugendherberge im Block V lautet: Aus Grau wird Bunt.

Wo: Zwischen den Orten Sassnitz und Binz an der Prorer Wiek im Osten der Insel Rügen
Infos: Ausstellungen und Führungen: Dokumentationszentrum Prora, Objektstraße 1 (Block III, Querriegel), Tel. 038393/13991, www.dokumentationszentrum-prora.de; Prora-Zentrum, April bis Oktober Mukraner Straße 12 (Block V, beim Jugendzeltplatz und der Jugendherberge) und von November bis März im Rezeptionsgebäude des Jugendzeltplatzes, 18609 Prora, Tel. 0162/7350307, www.prora-zentrum.de
Highlights: Längste Jugendherberge der Welt, Führung durch die Außenanlage

Prora

20 000 Menschen sollten sich im ehemaligen „Kraft durch Freude"-Seebad während der Zeit des Nationalsozialismus erholen. Später dienten Teile des klotzigen Häuserkomplexes als Kaserne der Nationalen Volksarmee. Heute ist die Nutzung so vielfältig wie nie zuvor: In den einzelnen Blocks befinden sich unter anderem Ausstellungen, Museen, Galerien, eine Jugendherberge und Wohnungen. In unmittelbarer Nachbarschaft liegt das Eisenbahn & Technik Museum Rügen.

In den von Sand überwehten und mit Gras überwachsenen Kellergängen übernachten Fledermäuse. Ein Kiefernwäldchen trennt das von den Nationalsozialisten geplante Ostseebad von einem der schönsten Sandstrände der Insel Rügen, wo sich die Meerluft ein wenig kühler anfühlt als anderswo. In der Ferne sieht man die in Sassnitz-Mukran ein- und auslaufenden Fähren in Richtung Skandinavien und den Osten.

Mit den Bäumen auf Augenhöhe
Naturerbe Zentrum Rügen

Vom Adlerhorst aus kann man mit etwas Glück auch den König der Lüfte sehen, den Seeadler.

Hoch hinaus geht es im **Naturerbe Zentrum Rügen** zwischen Kleinem und Jasmunder Bodden und der Prorer Wiek, das Einblicke in die Ökosysteme Wald, Offenland und Feuchtgebiete gibt. Der fast zwei Kilometer lange, barrierefreie und mit Erlebnisstationen gestaltete Baumwipfelpfad führt spiralförmig um eine 30 Meter hohe Buche zu seinem höchsten Punkt: dem Adlerhorst. In der Ferne die Kreidefelsen, die weißen Villen in den Seebädern, die Inselhauptstadt Bergen mit der St.-Marien-Kirche, die Halbinseln Buhlitz, Thiessow und Pulitz, das Schloss Lietzow, das Windland. Bei klarer Sicht erkennt man sogar die drei Stralsunder Kirchtürme und die Rügenbrücke.

Wo: Zwischen der Prorer Wiek und dem Kleinen Jasmunder Bodden an der L 293
Infos: Forsthaus Prora 1, Ostseebad Binz/OT Prora, Tel. 038393/662200, www.nezr.de
Highlights: Weitblick über die Insel Rügen vom Adlerhorst aus, Vollmondwanderung, Bernsteinschleifen, großer Kinderspielplatz

Ein mystischer Ort
Feuersteinfelder Mukran

„Steinernes Meer" werden die **Feuersteinfelder** zwischen Mukran und Prora im Nordteil der Schmalen Heide genannt. Das 40 Hektar große Gebiet besteht komplett aus Feuersteinen, die während einer Serie von Sturmfluten vor mehreren Tausend Jahren aus den Kreideablagerungen der Insel ausgebrochen und hier angespült wurden. Aus den scharfkantigen Abschlägen dieses dunkelgrauen, fast schwarzen Gesteins wurden die ersten Werkzeuge des Menschen gefertigt: Messer, Äxte und Meißel. Mit Pyrit, Zunderschwamm und leicht entzündbarem Material kann man sogar Feuer machen wie die alten Germanen – daher der Name Feuerstein. Heute suchen und finden Spaziergänger hier Hühnergötter, Steine mit einem Loch in der Mitte. Bauern sollen sie in die Nester ihrer Hühner gelegt haben,

Die Rügener Feuersteine wurden vor drei- bis viertausend Jahren an der Schmalen Heide zwischen Mukran und Prora angelagert.

damit das Federvieh recht lange gesund bleibt und Eier legt. Noch heute werden diesen Glücksbringern besondere Kräfte nachgesagt. Sie brächten Licht und Liebe und würden ihre Besitzer beschützen. Wie einst das Feuer auch. Im Spätsommer blüht die Heide. Ringsherum wachsen Kiefern. Ein stiller, mystischer Ort.

Wo: Auf der Nehrung der Schmalen Heide zwischen Mukran und Prora im Osten der Insel Rügen
Infos: nicht mit dem Auto erreichbar, regelmäßige Exkursionen werden vom Naturerbe Zentrum Prora angeboten (Tel. 38393/662200), geführte Radtouren ab Binz (Kurverwaltung Ostseebad Binz)
Highlights: Wälle aus Feuersteinen, am schönsten, wenn die Heide blüht

Jasmund

Die Buchenwälder im Nationalpark Jasmund reichen bis an die Steilküste heran. Durch Abbrüche verändern sich die stark der Witterung ausgesetzten Kreidehänge stetig.

Station der Transsibirischen Eisenbahn
Fährhafen Sassnitz

Ab Mitte der 1980er-Jahre wurde im Sassnitzer Ortsteil Neu Mukran im Süden der Halbinsel Jasmund als eines der letzten großen Verkehrsbauprojekte der DDR ein Güter- und Militärhafen errichtet. Er beschleunigte den Warenverkehr mit Russland, vor allem ins heute litauische Klaipeda, über den Seeweg deutlich und reduzierte Kosten, da weniger Transitgelder anfielen.

Durch die exponierte Lage von Sassnitz sind die Seeverbindungen von hier aus deutlich kürzer als anderswo. Ab 1995 wurde der Hafen weiter ausgebaut, um den zunehmenden Personenverkehr nach Skandinavien aufzunehmen. Seit 1998 pendeln nun auch die großen Passagierfähren, die vorher im Stadthafen Sassnitz angelegt hatten, von hier aus über die „Königslinie" nach Schweden, Dänemark, Russland und ins Baltikum.

Die Waggons einer Bahn verschwinden im Bauch der Fähre.

Da der Fährhafen Sassnitz als einziger Port Westeuropas über Gleise und Umschlaganlagen für russische Breitspur verfügt, wird er auch gern als westlichster Cargo-Bahnhof der Transsibirischen Eisenbahn bezeichnet. Zugleich ist er der östlichste Tiefwasserhafen Deutschlands. Ungefähr fünf Millionen Tonnen Güter werden momentan pro Jahr hier umgeschlagen, damit ist der Fährhafen Sassnitz der drittgrößte deutsche Ostseehafen. Auch Kreuzfahrtschiffe können hier anlegen.

Wo: An der Prorer Wiek im Osten der Insel Rügen
Infos: Fährhafen Sassnitz GmbH, Im Fährhafen 20, 18546 Sassnitz/Neu Mukran, Tel. 038392/55111, www.faehrhafen-sassnitz.de
Highlights: Größter Eisenbahnfährhafen Deutschlands, Tagestouren nach Trelleborg (Schweden) oder nach Rønne (Bornholm)

Ein Kunstwerk aus einer anderen Zeit
Schloss Dwasieden in Sassnitz

Auf einer Anhöhe über dem Meer, im Süden von Sassnitz, befindet sich die Ruine des **Schlosses Dwasieden**. Noch heute ahnt man die einstige Pracht dieser 1877 von Friedrich Hitzig, einem Schüler Schinkels, fertiggestellten Anlage. Bauherr des zweigeschossigen, mit Säulengängen und Aussichttürmen an beiden Seiten geschmückten Adelssitzes war Adolph von Hansemann, einer der reichsten Männer der Bismarckzeit. Anders als alle ähnlichen Gebäude in Norddeutschland bestand es aus massivem Sandstein, Granit und Marmor und wurde im neoklassizistischen Stil errichtet.

Einst eines der prächtigsten Schlösser Norddeutschlands, heute nur noch eine Ruine: das Schloss Dwasieden in Sassnitz. 1928 feierte hier Gerhart Hauptmanns Sohn Benvenuto eine prunkvolle Hochzeit.

Hier auf Schloss Dwasieden heiratete 1928 Benvenuto, der Sohn des Dichters Gerhart Hauptmann, die Prinzessin Elisabeth von Schaumburg-Lippe. Der Schriftsteller selbst fühlte sich auf dem Schloss nicht besonders wohl, die hohen Bäume schränkten seine Sicht zum Meer ein. Er konnte am besten arbeiten, wenn er sich nicht eingegrenzt fühlte. So wie auf der Insel Hiddensee, wo er in alle Himmelsrichtungen einen weiten Blick hatte. Doch die Schlossruine, der Marstall (Pferdestall) und die alten Buchen machen heute einen großen Reiz der Anlage in Sassnitz aus, die ab 1935 die Kriegsmarine beherbergte und im Sommer 1948 hauptsächlich wegen „Militäraltlast" gesprengt wurde.

Wo: Südlich von Sassnitz, erreichbar über die Straße der Jugend, geradezu in den Wald, besonders gut sichtbar, wenn die Bäume kahl sind
Infos: Regelmäßige Führungen mit Buchautor und Schlosskenner Ralf Lindemann, Tel. 0160/5212264, www.schloss-dwasieden.de
Highlights: Schlossruine, Marstall und Großsteingrab

Das Tor nach Skandinavien
Sassnitz

Auch das Fischerdorf **Sassnitz** und sein Nachbarort Crampas im Süden der Halbinsel Jasmund entwickelten sich ab Mitte des 19. Jahrhunderts zu beliebten Seebädern, die 1906 unter dem Namen Sassnitz vereint wurden. Doch mit dem Ausbau des Fischereihafens ab 1889 und der Einrichtung des Fährverkehrs nach Schweden über die „Königslinie" verschwand der Strand mehr und mehr unter den Kaianlagen, sodass viele Gäste nach Binz und Sellin abwanderten. Im Zweiten Weltkrieg wegen seiner industriellen und militärischen Bedeutung als einziger Ort auf Rügen schwer bombardiert, entwickelte sich Sassnitz in DDR-Zeiten zu einem wichtigen Industriestandort. Neben Fischfang, Fischverarbeitung und Kreideabbau galt der Ort vor allem als Tor in den Norden. Von hier aus starteten die Eisenbahnfähren nach Skandinavien, ins Baltikum und in die Sowjetunion, bis 1998 der Fährhafen (s. S. 62) in einige Kilometer entfernte Neu Mukran verlegt wurde. War Sassnitz früher hauptsächlich von der Fischerei und den Fähren geprägt, gewinnt die Stadt heute auch durch die schmucke Altstadt mit Restaurants, Cafés und Ateliers sowie den angrenzenden Nationalpark.

Um einen Morgen in Sassnitz perfekt zu machen, sollte man mit einem Spaziergang am Hafen beginnen, durch die Altstadt bis

Wo: Auf der Halbinsel Jasmund im Nordosten der Insel Rügen
Infos: Tourist Service Sassnitz, Strandpromenade 12 (im Stadthafen), 18546 Sassnitz, Tel. 038392/6490, www.insassnitz.de; Sassnitzer Fischerei- und Hafenmuseum, Im Stadthafen, 18546 Sassnitz, Tel. 038392/57846, www.hafenmuseum.de; Erlebniswelt U-Boot, Hafenstraße 12, 18546 Sassnitz, Tel. 038392/67860, www-hms-otus.com
Highlights: Frühstücken in der 9. Etage des Rügen-Hotels, Bummel durch den Hafen und die Altstadt, bei Sturm und Eis auf die Mole
Tipp: Rügenhotel, Seestraße 1, 18546 Sassnitz, Tel. 038392/53100, www.ruegen-hotel.de; Café Gumpfer am Fuß der Mole, 18546 Sassnitz, Tel. 038392/649888, www.cafe-gumpfer.de

Kutter im Fischereihafen Sassnitz. Wer früh genug auf den Beinen ist, sieht hier Seemänner beim Anlanden von ihren Tagesfängen. Den ganzen Tag über gibt es frische Fischbrötchen direkt vom Kutter.

hinauf zu den Kreidefelsen laufen und mit einem Frühstück in der 9. Etage des **Rügenhotels** an der Seestraße enden. Von der Terrasse gleitet der Blick über die Kreidewände, die Altstadt mit ihren Villen, den **Stadthafen** mit der Mole, das Ufer von Dwasieden und die mit dem Deutschen Brückenbaupreis ausgezeichnete, modern geschwungene **Fußgängerhängebrücke**, die den Hafen mit der Stadt am Hang verbindet.
An der fast 1,5 Kilometer langen Mole liegen Fischkutter und Ausflugsdampfer dicht an dicht. Am frühen Vormittag kehren die Fischer zurück. Touristen bleiben stehen und schauen den Seemännern zu, wenn sie den Tagesfang anlanden und verladen. Im Sommer bummeln die Touristen über die Mole bis zum Leuchtturm und tuckern mit einem der Ausflugsschiffe zu den Kreidefelsen. Im Winter fotografieren sie dick eingemummelt die vereisten Steinpackungen und kehren anschließend zum Beispiel im **Café Gumpfer** am Molenfuß zum Aufwärmen ein. Oder sie werfen einen Blick ins **Fischerei- und Hafenmuseum**

Jasmund

Weiße Villen prägen das Bild in der Altstadt von Sassnitz. Von der Seebrücke aus hat man freie Sicht auf die Promenade, den Hafen und den Nationalpark Jasmund.

mit seinem **Museumskutter „Havel"**, die einen Einblick in Sassnitz' Geschichte und die Fischerei geben. Auch das an der Mole liegende englische **U-Boot-Museum H.M.S. Otus** mit seiner fast beklemmenden Atmosphäre kann besichtigt werden. Weiter führt der Weg an der Strandpromenade entlang zur **Seebrücke**, von der man einen schönen Blick in Richtung **Altstadt** mit dem Markt und den Villen im Stil der Bäderarchitektur hat. Hier trifft man sich im Sommer auf den Terrassen der Restaurants, sitzt im Schatten der schmucken Häuser und lauscht dem Meeresrauschen. Von Sassnitz aus führt einer der schönsten **Hochuferwege** Deutschlands durch die Buchenwälder der Stubnitz zum markantesten aller Kreidefelsen auf Rügen, dem Königsstuhl. Diese Landschaft inspirierte schon Künstler wie den Maler Caspar David Friedrich (1774–1840), dem sein Gemälde „Kreidefelsen auf Rügen" zu Weltruhm verhalf, und Komponist Johannes Brahms (1833–1897), der in Sassnitz im Jahr 1876 seine 1. Sinfonie vollendete.

Töpferei, Kultkino und Kreativtreff
Begegnungszentrum Grundtvighaus

Theodor Fontane kannte es, Johannes Brahms auch: das **Grundtvighaus**. Drei Schwestern haben das Fachwerk- und Lehmhaus mit den grünen Fenstern in der Seestraße Ende des 19. Jahrhunderts als Hotel erbauen lassen. Deren Onkel soll im Brandenburgischen einen Antiquitätenhandel betrieben und das Hotel mit wertvollen Möbeln ausgestattet haben. In den 1960er-Jahren ging es an die evangelische Kirchengemeinde Sassnitz.

Vor dem Haus blühen bunte Blumen, aus den Fenstern dringt Jazzmusik. Wer eintritt, über knarrende Dielen und Holztreppen, findet liebevoll aufgearbeitete Stühle, Tische und Schränke, Bücherregale in den Fluren, Bilder in gedeckten Farben, Grünpflanzen. Man fühlt sich willkommen und aufgehoben. Das Grundtvighaus beherbergt unter anderem eine Bibliothek, einen Seminar- und Veranstaltungssaal, Büroräume, Gästezimmer, eine Küche. Dort finden Kreativtreffs, Kinoabende, Ausstellungen, Konzerte, Vorträge und vieles mehr statt. In dem kleinen Häuschen nebenan befindet sich die Töpferei von Keramikmeisterin Dörte Päplow. Der Eingangsbereich ist mit bunten Mosaiksteinchen gestaltet. Auf zwei Etagen sind wunderbare farbenfrohe und individuelle Einzelstücke aus Ton ausgestellt. Eine schmale Treppe führt ins Dachgeschoss. Immer mittwochs lädt Dörte Päplow, selbst Mutter von drei kleinen Kindern, zum offenen Töpfernachmittag ein. Kinderhände und die von Erwachsenen formen kleine Gefäße, Fische, Äpfel und was immer die Fantasie möglich macht. Der Name Grundtvig wird in der Seestraße gelebt, denn er steht unter anderem für Gastlichkeit, Offenheit und Möglichkeiten für Bildung und Dialog.

Wo: Seestraße 3, 18546 Sassnitz
Infos: Grundtvighaus e.V., Tel. 038392/57726; Töpferei Tel. 038392/57775; Kino Tel. 038302/90010, www.grundtvighaus.de
Highlights: Kultkino, Töpfern für Familien mittwochs ab 15.00 Uhr

Kreideküste, Buchenwald und Meer
Nationalpark Jasmund

Der größte zusammenhängende Buchenwald der Ostseeküste befindet sich im **Nationalpark Jasmund** bei Sassnitz. Zum Teil stehen die Wälder der Stubnitz seit einem Dreivierteljahrhundert unter Naturschutz. Seit Menschengedenken war der Stubbenkammerwald – so wird der Landstrich um den markanten Kreidefelsen Königsstuhl bezeichnet – ein sogenannter Erntewald. Fürst Wilhelm Malte I. zu Putbus verhinderte 1807 den Kahlschlag durch die napoleonischen Besatzer. Adlige Grundbesitzer ließen an den Hauptzugängen Kontrollstellen einrichten, um Holzdiebstahl vorzubeugen. Im Jahr 1990 wurde das 3000 Hektar große Gebiet, das zu zwei Dritteln aus Wald besteht, zum Nationalpark erklärt, ein Teil davon gehört seit 2011 zum UNESCO-Welterbe. „Natur Natur sein lassen", lautet das Leitbild. Doch ganz ungefährlich ist ein Spaziergang an Rügens Kreideküste nicht. Wind und Regen greifen nach ihr. Wenn sich Frost und Tauwetter abwechseln, dann herrscht ein erhöhtes Risiko für Uferabbrüche. Im Februar 2005 nahm sich die Natur ein Wahrzeichen: die Wissower Klinken. Auf einer Länge von mehr als 100 Metern lösten sich damals rund 20 000 Kubikmeter Kreide und Mergel aus der Uferwand und stürzten in die Tiefe. Doch wenn so etwas passiert, kommen auch echte Sammlerstücke zum Vorschein: versteinerte Reste vorzeitlicher Lebewesen. Donnerkeile sind die am häufigsten gefundenen Fossilien – das sind Reste von Kopffüßern, ähnlich den heute lebenden Kalmaren. Beliebt sind auch die Feuersteinkerne kleiner Seeigel oder Schwämme, Fossilien aus Kieselsäure oder Kalk.
Durch die Landschaft führen gut ausgeschilderte Wege. Der elf

Wo: Auf der Halbinsel Jasmund im Nordosten der Insel Rügen
Infos: Nationalparkamt Vorpommern, Im Forst 5, 18375 Born, Tel. 038234/5020, www.nationalpark-jasmund.de
Highlights: Kreideküste, Wanderung mit dem Ranger, seltene Orchideen, Mufflons

Die Kreideküste ist das Wahrzeichen der Insel Rügen. Eine Wanderung durch den Buchenwald mit seinen seltenen Orchideen oder am Kreidekliff entlang führt in eine Welt voller Entdeckungen. Hier ist die Natur sich selbst überlassen.

Kilometer lange **Hochuferwanderweg** von der Hafenstadt Sassnitz über den Königsstuhl bis hin nach Lohme gehört zu den beliebtesten in ganz Deutschland. Gelb und rot ist der Waldboden im Herbst vom Buchenlaub, im Frühling weiß von einem Teppich aus Buschwindröschen. Auf und ab geht es über verwurzelte Pfade, Treppen oder über altes Kopfsteinpflaster, an Mooren und Sümpfen, an denen seltene Moose und Orchideen wachsen, an Großsteingräbern, dem alten Burgwall und dem sagenumwobenen **Herthasee** vorbei. In das beständige Rauschen des Meeres mischen sich nur die Geräusche der Natur. Und in der sogenannten **Piratenschlucht** (eine Treppe führt hinunter zum Strand) kurz hinter dem Buswendeplatz soll der Schatz von Seeräuber Klaus Störtebeker vergraben liegen. Doch das ist eine andere Geschichte.

Die Natur verstehen
Nationalpark-Zentrum Königsstuhl

Der Eingang ins Nationalpark-Zentrum Königsstuhl. Es beherbergt ein Kino und informiert auf 2000 Quadratmetern Ausstellungsfläche über die Geheimnisse der Natur.

Das junge Paar steht am Abgrund. Nur einen Schritt weiter und es würde 118 Meter in die Tiefe stürzen. So hoch ist der bundesweit bekannteste Kreidefelsen – der **Königsstuhl** im Nationalpark Jasmund. Damit dies nicht passiert, wurde auf der Aussichtsplattform ein stabiles Geländer angebracht. Denn jährlich steuern mehr als 300 000 Besucher die 200 Quadratmeter große Plattform im Nordosten der Insel an, um den Blick auf die Ostsee und die Kreidelandschaft mit ihren Schluchten und Bächen zu genießen.

Mit der Geschichte des Nationalparks Jasmund, mit etwa 3000 Hektar der kleinste in Deutschland, ist Claudia Reese bestens vertraut. Die Biologin arbeitet im Nationalpark-Zentrum und bringt Gästen auf Führungen die Besonderheiten dieser imposanten Landschaft näher. Etwa 20 Minuten dauert eine Kurzführung vom Erlebniszentrum zum Königsstuhl. Nachdem die Wissenschaftlerin die Geschichte des Hauses, das 1835 als Gasthof

Wo: Stubbenkammer 2, 18546 Sassnitz
Infos: Nationalpark-Zentrum Königsstuhl, Tel. 038392/66170, www.koenigsstuhl.com
Highlights: Höchster Kreidefelsen der Insel Rügen
Anfahrt: Nicht direkt mit dem Auto erreichbar, gebührenpflichtige Parkplätze in Sassnitz „Tierpark am Nationalpark" oder in Hagen nutzen und zu Fuß zum Nationalpark-Zentrum wandern (Dauer von Sassnitz 2,5 Stunden/Hagen 30 Minuten), Busse der RPNV nutzen (Königsstuhl-Ticket), mit Zügen der Deutschen Bahn nach Sassnitz fahren und dort mit dem Bus direkt zum Nationalpark-Zentrum

Stubbenkammer im Schweizer Stil errichtet und später unter anderem als Hotel und Lazarett genutzt wurde, erläutert hat, geht sie auf die natürlichen Reize dieses Landstrichs mit seinen Wäldern, Mooren, Sümpfen und Seen ein. Auf dem Weg zum Königsstuhl bleibt sie stehen und verdeutlicht auf einer Karte die Umrisse des naturbelassenen Areals. „Seit 2011 stehen die Buchenwälder in diesem Gebiet als UNESCO-Welterbe unter besonderem Schutz", berichtet Claudia Reese. Auf dem Gipfel zeigt sie Versteinerungen aus der Kreidezeit.

Die Maus Mimi und der Rabe Krax sind die Maskottchen des Zentrums. In der Erlebnisausstellung führen sie Kinder in einen Mäusebau, zu einem Gletscher aus echtem Eis und zu einem riesigen Findling. Mit einem Kopfhörer-System werden Besucher durch die 2000 Quadratmeter große Ausstellung geleitet. Die beginnt mit einer Zeitreise. Wenn die winzigen Körnchen durch die raumhohe Sanduhr gerieselt sind, dann sind sie in der Kreidezeit vor 69 Millionen Jahren angekommen. Wie die Reise verlaufen soll, entscheidet man ganz allein:

Rügens berühmtester Kreidefelsen: der Königsstuhl. Der Sage nach soll früher derjenige König der Insel Rügen geworden sein, der den 118 Meter hohen Königsstuhl von der Seeseite aus bezwungen hat.

romantisch oder neugierig oder abenteuerlich. In jedem Falle jedoch endet der Rundgang im Nationalpark mit seinen Kreidefelsen. Die Natur verstehen, um sie zu genießen – das zu vermitteln ist die Aufgabe des Nationalpark-Zentrums.

Ausflug in die Kreide
Der Tagebau Promoisel

Die alten Kreidebrüche von Jasmund zeugen von dem mehr als 150 Jahre andauernden Bergbau auf der Halbinsel. Manfred Kutscher, Vorsitzender des Vereins der Freunde und Förderer des Nationalparks Jasmund e.V., führt mit Zustimmung der Kreidewerk Rügen GmbH interessierte Besucher in den einzigen aktiven Tagebau der Insel, den **Kreidetagebau Promoisel**. Wer den Kreideexperten und Buchautor Kutscher begleiten möchte: Das **Kreidemuseum Gummanz** bei Neddesitz bietet in der warmen Jahreszeit Sammel-Exkursionen dorthin an. Feste Schuhe, lange Hose, Hammer, Zeitungspapier und Transportbehälter nicht vergessen. Wer mehr über Kreide wissen möchte, kann sich im Kreidemuseum Gummanz über den Kreideabbau und die Geologie in-

Im Kreidemeer nach Versteinerungen buddeln. Das Kreidemuseum Gummanz bietet Schatzsuchen im Tagebau Promoisel an.

formieren sowie seltene Fossilien anschauen. Das befindet sich in einer restaurierten Werkhalle, die bis 1962 in Betrieb war. Zum Museum gehören ein Kreide- und Naturlehrpfad sowie ein Freilichtmuseum. Oberhalb des ehemaligen Kreidebruchs befindet sich der kleine Bruder des Königsstuhl, der 40 Meter hohe **Kleine Königsstuhl**.

Wo: Westlich von Sassnitz, Treffpunkt auf dem Parkplatz hinter dem Landgut Dargast
Infos: Exkursionen in den Kreidetagebau über Kreidemuseum Gummanz (Anmeldung erforderlich), Gummanz 3a, 18551 Sagard,
Tel. 038302/56229, www.kreidemuseum.de
Highlights: In der Kreide nach fossilen Schätzen suchen, der Blick auf die Halbinsel Jasmund bis zur Prorer Wiek

Ein wundersamer Platz
Der Opferstein von Quoltitz

Quoltitz liegt am westlichen Rand des Nationalparks Jasmund auf Rügen. Bis in die 1950er-Jahre lebten hier Menschen, die mit der Schließung des Kreidebruchs wegzogen. Jetzt ist Quoltitz eine Wüstung. Rasch siedelten sich seltene Tiere und Pflanzen an, sodass der Bruch 1986 zum Naturschutzgebiet erklärt und 1990 dem neu ernannten Nationalpark Jasmund angegliedert wurde.

Tonscherben rund um Quoltitz lassen auf eine frühe slawische Besiedlung schließen. Wenige hundert Meter von Quoltitz entfernt, nahe der Krattberge, befindet sich der **Opferstein**. 73 Tonnen schwer ist der Findling aus skandinavischem Granit. Erstmals 1797 beschrieben, wurde er später unter anderem von Caspar David Friedrich gezeichnet. Um den Stein und seine geheimnisvollen Vertiefungen und Rillen ranken sich Sagen und Geschichten. Auch in die Schriften von Alfred Haas, dem wohl berühmtesten Sagensammler Vorpommerns, hat er Eingang gefunden. Und in die Werke von Pastor und Dichter Ludwig Gotthard Kosegarten, der manche Stunde auf dem Stein verbracht haben soll, um seine Liebesgedichte zu verfassen.

Am 17. Juli 1806 zeichnete Caspar David Friedrich den „Opferstein von Quoltitz". Der Sage nach sollen hier Menschen als rituelle Opfer geschlachtet worden und das Blut durch die Rinne im Stein abgeflossen sein. Archäologen sagen dagegen, dass die deutlich sichtbare „Blutrinne" eine gemeißelte Rinne ist, mit der versucht wurde, den Opferstein zu sprengen, um Mühlsteine aus ihm zu machen.

Wo: Nördlich des Ortes Neddesitz auf der Halbinsel Jasmund
Infos: Führungstermine mit Naturschutzwart Volker Rösing auf Anfrage, Tel. 0178/6022906, www.ruegen-exkursionen.de

Vis-à-vis vom Kap Arkona
Lohme

Mit all seinen vielfältigen Reizen ist Rügen doch hauptsächlich ein Urlaubsort für Gäste, die Ruhe und Erholung suchen. Und genau das finden sie in **Lohme** im Norden von Jasmund. Tagsüber am Steinstrand versteinerte Schätze bergen und Frachtern bei ihrer Fahrt über die Ostsee zuschauen, abends traumhafte Sonnenuntergänge und die Leuchtfeuer von Hiddensee und Kap Arkona beobachten.

In einem Reiseführer vom Ende des 19. Jahrhunderts wird der Ort ein „reizvolles, kleines Fischerdorf" genannt, das „malerisch auf hoher, bewaldeter Steilküste eine sonnige, freie und gesunde Lage" hat. Das ist noch heute so. Eine steile Treppe führt zum malerischen Hafen hinunter. Der riesige Findling im Wasser ist der 162 Tonnen schwere **Schwanenstein**. Die Sage erzählt, dass sich Babys in dem Findling befinden; Schwäne sollen die Neugeborenen auf Rügen verteilen.

An der Straße Zum Hafen ist die Keramikwerkstatt von Kerstin Bartel beheimatet. Vor dem rotbraunen Haus mit den blauen Fenstern blühen Lavendel, Ringelblumen, Sonnenblumen, Tränendes Herz und andere Pflanzen in Töpfen und Gefäßen. Der sonnige, kleine Raum ist Werkstatt und Verkaufsraum in einem. In den Regalen stehen fröhlich bemalte Schalen, Kannen, Tassen – freie Stellen werden von den Katzen gern als Schlafplätze genutzt. Kerstin Bartel ist keine Frau vieler Worte. Wer durch die blaue, gläserne Eingangstür tritt, trifft sie meistens beim Bemalen ihrer Keramik an.

Anders ihr Nachbar Peter Müller im Haus Seeblick, der auf Rügen nur der Steinmüller genannt wird. Bernstein oder nicht Bernstein? Peter Müller weiß es sicher. Mit

---

Wo: Im Norden der Halbinsel Jasmund
Infos: Touristik Lohme GmbH, Arkonastraße 31, „Haus Linde", 18551 Lohme, Tel. 038302/88855, www.lohme.de
Highlights: Steinmanufaktur, kleine Töpferei, idyllischer Yachthafen, Kaffeetrinken auf der Terrasse des Panorama-Hotels

Lohme

An der Steilküste im Norden der Halbinsel Jasmund liegt der kleine Ort Lohme. Der Yachthafen bietet 53 Liegeplätze.

dem Sammeln und Bearbeiten von Steinen hat der Rüganer sein Hobby zum Beruf gemacht und hilft neugierigen Ostseeurlaubern gern auf die Sprünge. Er sieht sich selbst als ein Entdecker – nur schippert er nicht über die Weltmeere, sondern streift die Strände an Rügens Küsten entlang. Wenn er sich bückt, sind es kleine Kalkschwämme oder Feuersteine, an den Sandstränden Glasscherben und manchmal auch kleine Bernsteine. Es sind die Steine und Fossilien, die eine besondere Faszination auf den Rüganer ausüben:

„Kein Stein, kein Fossil gleicht dem anderen." Urlauber können eigene Fundstücke zu ihm bringen, die er dann poliert, schleift, teilt oder mit Löchern versieht, damit man sie am Lederbändchen um den Hals tragen kann. Wer weniger Sammelglück hat, kann in seiner Steinmanufaktur Schmuckstücke kaufen oder allerlei nützliche oder einfach nur schöne Dinge aus Granit, Gneis und Porphyr. Erinnerungsstücke an einen Ort der Ruhe.

Zwischen Wald und Meer
Schloss Ranzow

Mitten im Nationalpark Jasmund steht das burgartig gestaltete **Schloss Ranzow**. Es stammt aus dem Jahr 1900 und befindet sich auf einer Anhöhe direkt am Wanderweg von der Ortschaft Lohme zum Königsstuhl. Vom Schloss aus sind es nur zweieinhalb Kilometer zu Rügens Wahrzeichen. Der Weg führt über unbefestigte Abschnitte und altes Kopfsteinpflaster, vorbei an Buchen und der sagenumwobenen Herthaburg, einer Festung, die aus der Zeit der slawischen Besiedlung Rügens vom 8. bis zum 12. Jahrhundert stammt.

Auch mit dem Rad ist diese Strecke passierbar. Allerdings wird auf einem Schild darauf verwiesen, dass die Kopfsteinpflasterstraßen im gesamten Gebiet schlecht befahrbar sind. Doch das hält viele Radfahrer nicht davon ab, dem gut ausgeschilderten Weg zum Königsstuhl zu folgen. Er ist eine gute Alternative zur stark befahrenen Straße. Zahlreiche Wanderer

Wie im Märchen: Das Schloss Ranzow erstrahlt heute in neuem Glanz. Von der Terrasse aus kann man einen weiten Blick über den Norden der Insel Rügen genießen.

und Radfahrer nutzen Ranzow als Zwischenstopp, um sich bei Kaffee und Kuchen im Schlosscafé zu stärken. Oder sie lassen hier den Ausflug bei einem Glas Wein ausklingen. Die Köche verarbeiten in der Schlossküche Wild aus dem Nationalpark und fangfrischen Fisch aus der Ostsee. Wer abends auf Schloss Ranzow verweilt, kann mitunter malerische Sonnenuntergänge über dem Kap Arkona erleben. Dann zeigt sich der Himmel in seinen schönsten Farben und der Nationalpark erscheint in einem warmen Licht.

Wo: Schloss Ranzow, Schlossallee 1, 18551 Lohme
Infos: Tel. 038302/88910, www.schloss-ranzow.de
Highlights: Der Blick, Schnuppergolf, Mittsommerabend mit Schlossmenü

Wie in alten Tagen
Nardevitz

Eine kastanienumsäumte Kopfsteinpflasterstraße führt durch den Ort **Nardevitz**. Links und rechts des Weges stehen niedrige schmucke Häuschen mit Strohhauben. Eines von ihnen ist das Atelierhaus von EllenNa und StefanNo. Ellen widmet sich der Naturfotografie und Stefan Landart-Projekten. Im Ausstellungs-KUBUS finden Präsentationen von Künstlern verschiedener Genres, Rauminstallationen und kulturelle Veranstaltungen statt. Rund um das Backsteinhaus gibt es gemütliche Orte zum Gedankenaustausch und Träumen sowie Kunstprojekte von Mecklenburger Künstlern.

Wer den Weg in Richtung Rugeshus einschlägt, sieht auf der rechten Seite eine Baumgruppe auf dem Feld. In einer Senke gut versteckt liegt dort mit 281 Tonnen der zweitgrößte **Findling** der Insel Rügen. Er soll früher so groß gewesen sein, dass man auf der Oberfläche mit einem Vierspänner umwenden konnte. Wenn man etwas genauer schaut, sieht man, dass Teile des Felsens gesprengt wurden. Diese wurden in der Region als Baumaterial genutzt.

Beliebt bei Wanderern und Fotografen ist der **Hochuferweg** mit der Schlucht des Schwierser Baches. Ein Spaziergang hier ist wie ein Bummel durch ein Bild aus alten Tagen: das satte Grün der hochgewachsenen Bäume, grünblau leuchtet das Meer, Wellen umspielen die ungezählten Steine, der Bach rauscht, Vogelgesänge.

Das Atelier von EllenNa und StefanNo ist eines der schönen reetgedeckten Häuschen in Nardevitz.

Tipp: Atelierhaus „mehrsehen", Kastanienallee 22, 18551 Lohme/Nardevitz, Tel. 038302/88915, www.mehrsehen.de

Rügens ältester Badeort
Sagard

Der Kurpark **Brunnenaue** erinnert noch heute an die 1795 eröffnete „Brunnen-, Bade- und Vergnügungsanstalt" in Rügens zweitgrößter Gemeinde **Sagard**, die zugleich auch der älteste Badeort auf Rügen ist. Durch den Park fließen mineralhaltige Quellen, auf einer Anhöhe thront ein verlorener Tempel. Es gibt Lindenbäume, Bänke zum Verweilen und Spielanlagen. Die Kuranlagen verschwanden mit der Zeit, geblieben ist das aus dem 18. Jahrhundert stammende **Pfarrhaus** des Pastors von Wilich sowie die **St.-Michael-Kirche** aus dem Jahr 1210 mit einer eindrucksvollen Barockorgel. Das zweigeschossige Instrument von 1796 ist die zweitälteste und größte Orgel Rügens und wurde vom Stralsunder Christian Kindten gefertigt. Der gedrungene Kirchturm wurde um 1500 ergänzt, der Innenraum mit barockem Altar und Beichtstühlen ist ganz in weiß gehalten. Südlich des Ortes ragt eines der größten Hügelgräber Norddeutschlands in den Inselhimmel: Der **Dobberworth** ist 14 Meter hoch und hat einen Durchmesser von 50 Metern. Laut einer Legende wurde er von einem Riesen errichtet, der ursprünglich die Furt zwischen dem Kleinen und dem Großen Jasmunder Bodden zuschütten wollte und unterwegs die Erde verlor. Eine andere Sage handelt von Unterirdischen, die hier ihre Schätze hüten.

Tempel im Kurpark Brunnenaue in Sagard, dem ältesten Badeort Rügens.

Wo: Rund 16 Kilometer nordöstlich von Bergen auf Rügen, auf der Halbinsel Jasmund
Infos: Tourismuszentrale Rügen, Ringstraße 113–115, Tel. 03838/807780, www.ruegen.de, www.sagard-ruegen.de
Highlights: Brunnenaue, Kreidebrüche bei Quoltitz

Der Bücherbahnhof
Lietzow

Lietzow ist keine Touristenhochburg und liegt abseits der großen Seebäder, es gibt nur einen kleinen, feinen Sandstrand am Bodden. Doch das allein unterscheidet diesen charmanten Ort nicht von anderen. Das Besondere liegt oft im Verborgenen. Auf der Halbinsel Spitzer Ort im Kleinen Jasmunder Bodden befindet sich der Bücherbahnhof Lietzow. Stündlich rauschen Züge aus Binz, Sassnitz und Stralsund vorbei. Auch Radfahrer sind auf ihrem Weg zu den berühmten Feuersteinfeldern Mukran zu sehen. Und über allem thront das weiße Schlösschen Lietzow, das sich der Eisenbahntechniker Bopp im mittelalterlichen Stil erbauen ließ.

Am Lietzower Bahnhof befindet sich das Bücher-Reich von Karoline Wolff. Wer durch die schwarze Eingangstür tritt, findet sich von Tausenden Büchern, Postkarten und Schallplatten umgeben. Darunter echte Schätze,

Auszeit im Bücherbahnhof Lietzow: Hier kann man aus Tausenden Büchern die passende Urlaubslektüre auswählen.

zum Beispiel originale Tonträger der DDR-Label Amiga und Litera. An den Wänden hängt Film- und Kunstgeschichte dicht an dicht: Plakate, uralte Vorführgeräte, Landkarten, Porträts, Rügenmalereien, Urkunden, Schilder, Schaffner-Mützen und -kellen. Hier einzutreten ist das Tor zu einer anderen Welt, nichts zum Nebenbei-Besichtigen. Bücherfreunde aus ganz Deutschland steuern mittlerweile den Bahnhof an: Schmökern, bis der Zug kommt.

Wo: Bücherbahnhof Lietzow, Spitzer Ort 10, 18528 Lietzow
Infos: Tel. 038302/56433
Highlights: Im Winter mit heißem Sanddornsaft am Kamin schmökern

Die Buchen vom Hexenwald
Waldpark Semper

Sie lieben und winden sich, sie tanzen und verbeugen sich, gehen sich aus dem Weg und stehen eng beieinander. Tag für Tag, Nacht für Nacht. Wer unter ihre grüne Kuppel im Sommer schlüpft, kann sie sehen: die Buchen vom Hexenwald. Die Bäume haben bizarre Formen, und jeder sieht etwas anderes. Ein Baum ähnelt einer Frau, sie trägt ihre Brüste frei zur Schau. Ein Buchenpärchen schmiegt sich eng aneinander. Ein Baumstamm macht einen Knicks, an der Stelle schaut ein Gesicht heraus. Mystisch geht es im **Waldpark Semper** hinter Lietzow in Richtung Sassnitz zu. Auf dem Weg zum 38 Hektar großen Hexenwald mit dem versteckt liegenden Schloss Semper steht eine Wasserturm-Ruine aus Feldsteinen. An den Grundmauern wachsen Farne, Gräser, Moos. Efeu klettert nach oben. Auf der anderen Seite der Gutshaus-Allee ist es romantisch. Im oberen Kaskadenteich gibt es eine kleine Liebesinsel mit zwei mächtigen Eichen, zu der eine Holzbrücke führt. Belebend und berührend zugleich ist ein Spaziergang unter dem rauschenden Blätterdach. Eine Klifftreppe führt vom Hochufer zum wildromantischen Strand hinunter. Hier und da ein großer Stein, ein umgestürzter Baum. Während der blauen Stunde entfaltet der Waldpark Semper seinen ganz eigenen Zauber. Besonders eindrucksvoll ist ein Besuch zur Zeit der Rhododendronblüte.

Die Buchen im Hexenwald Semper haben bizarre Formen.

Wo: Aus Richtung Bergen kommend gleich hinter dem Ortsausgang von Lietzow links abbiegen
Highlights: Hexenwald, Wasserturmruine, Kaskadenteiche mit Liebesinsel

Durch den Nationalpark Jasmund
Mit dem Rad an die Nordostspitze

Wer sich dem Trubel der Bäderorte entziehen möchte, findet im Nordosten Rügens Stille und Abgeschiedenheit. Das überwiegend flache Land bietet sich geradezu dazu an, mit dem Fahrrad erlebt zu werden. Eine der schönsten Radtouren führt von Lietzow über Sassnitz durch den Nationalpark Jasmund über Sagard wieder zurück nach Lietzow.

Vom **Lietzower Schlösschen**, der „kleinen Schwester" von Schloss Liechtenstein bei Reutlingen in der Schwäbischen Alb, geht es in Richtung Süden bergab zur Halbinsel Spitzer Ort und am Kleinen Jasmunder Bodden entlang. Der Weg führt durch urwaldartiges Grün. Der Weg ist sandig und deshalb nur bei trockenem Wetter zu empfehlen. Über den Fährhafen geht es in Richtung Sassnitz nach Alt Mukran. Eine Pause empfiehlt sich am aufwendig sanierten Gutshaus der Familie Reuter, ein Backsteinbau, der Ende des 19. Jahrhunderts errichtet wurde. Dazu einfach im Ortskern von Dubnitz links abbiegen, Richtung Sassnitz fahren und rechts nach dem Ortsschild Alt Mukran Ausschau halten. Von dort führt ein Plattenweg zum **Fährhafen Sassnitz** (s. S. 62). Der Blick reicht weit über das Inselland. Zwischen Mukran und Sassnitz-Dwasieden fährt man jetzt an der Ostsee entlang. Links öffnet sich der Blick über den Nationalpark Jasmund, auf der rechten Seite liegen die Ostseebäder Binz und Sellin. Durch **Sassnitz** (s. S. 64) hindurch und über Buddenhagen in Richtung Königsstuhl radeln – auf einer alten Kopfsteinpflasterstraße durch den Nationalpark mit seinen Buchen, Mooren und Seen. Von der **Victoria-Sicht** am Hochufer geht der Blick zum **Königsstuhl** (s. S. 70) und das türkisblaue Meer. An dieser Stelle standen schon König Wilhelm IV. von Preußen – und eben seine Gattin Victoria. Ein Gedenkstein erinnert an ihren Besuch.

Start: Lietzow auf der Halbinsel Jasmund
Infos: 40 km lang, Tourismuszentrale Rügen, Ringstraße 113–115, 18528 Bergen, Tel. 03838/807780, www.ruegen.de

Hinter der neobarocken Fassade des hundert Jahre alten Gutshauses Neddesitz befinden sich eine hochherrschaftliche Treppenanlage mit umlaufender Galerie und moderne Suiten. Bei Restaurierungsarbeiten im Jahr 1997 wurde eine Hochzeitskapelle wiederentdeckt.

Vom Nationalpark-Zentrum Königsstuhl zurück zur asphaltierten Straße nach Sassnitz/Hagen und nach wenigen Metern rechts auf den für Radler zugelassenen Waldweg nach **Lohme** (s. S. 74) abbiegen und in Richtung Norden über Nipmerow nach Neddesitz fahren. Dort befindet sich nicht nur das **Kreidemuseum Gummanz**, sondern auf der rechten Seite auch eine weitere architektonische Schönheit: das zum Jasmar Resort gehörende und mehr als 100 Jahre alte **Gutshaus Neddesitz**. Hinter den historischen Mauern wird eine moderne Landhaus-Küche angeboten. Weiter führt der Weg von Neddesitz nach **Sagard** (s. S. 78). Der Ausschilderung folgen. Hier rasten auf den Feldern im Frühjahr und im Herbst Tausende von Kranichen. Ein asphaltierter Radweg parallel zur Bundesstraße führt zum Ausgangspunkt Lietzow zurück, den würzigen Seewind im Gesicht. Etwa 40 Kilometer lang ist die Runde – doch die Erlebnisse sind nicht in Zahlen zu fassen.

Comeback der Dinosaurier
Dinopark Bobbin

Auf naturnahe Kampfszenen treffen Besucher des Rügener **Dinosaurierlandes** in Glowe auf der Halbinsel Jasmund. Etwa 120 Modelle können auf einem gut einen Kilometer langen Rundweg durch das wilde Gelände erkundet werden. Zu sehen sind die Entstehung der ersten Lebewesen im Wasser, die Evolution der Wirbeltiere und die Eroberung der Luft durch Flugsaurier und Vögel. Alle Modelle, die aus Stahlkonstruktionen mit Latexhaut bestehen, wurden mit Hinweistafeln versehen. Höhepunkt ist ein 12 000 Jahre alter Mammut-Stoßzahn. Das 82 Zentimeter lange Bruchstück, das in zwölf Metern Tiefe lag, stammt aus einer Rügener Kiesgrube und wurde 2009 von einem Unbekannten vor dem Tor des Dinolandes abgelegt. Seitdem ist er Bestandteil einer kleinen Ausstellung. Für Kinder stehen drei Abenteuerspielplätze zur Verfügung. In einer Ausgrabungsstätte kann zudem ein 20 Meter langes Dinosaurierskelett ausgebuddelt werden. In einer Fossilienkiste können Hobbyarchäologen nach den Überresten der Kreidezeit suchen. Diese stammen aus dem rund sechs Kilometer entfernten Kreidewerk Klementelvitz. Mit etwas Glück stöbern die kleinen Entdecker dort Donnerkeile, Muschelstücke oder Seeigelstacheln auf. In einem sogenannten Kreativraum lassen sich fossile Abdrücke aus Gips oder Ton herstellen. Auch einen Film gibt es über das Leben der kleinen und großen Saurier – im Dino-Kino.

Kampfszene im Dinopark. Die Riesen sind teilweise beweglich.

Wo: Dinosaurierland Rügen, Am Spyker See 2a, 18551 Glowe
Infos: Tel. 038302/719874, www.dinosaurierland-ruegen.de
Highlights: 12 000 Jahre alter Mammut-Stoßzahn

Ofenfrisch auf den Tisch
Baldereck

Es ist gerade erst 10 Uhr morgens, aber Frank Sorge hat seinen Arbeitstag in **Baldereck** schon halb bewältigt. Wenn die Sonne aufgeht, dann formt der Ökobäcker je nach Tageslaune aus Dinkel, Roggen, Sonnenblumenkernen, Leinsamen, Sesam und anderen Zutaten Brötchen und Brotlaiber in seiner kleinen Backstube unter dem Kastanienbaum. Ab 9 Uhr gibt es die krossen Backwerke aus dem Holzbackofen dann auf seinem Hof zu kaufen. Später kommen runde Streuselkuchen hinzu, belegt mit Obst der Saison. Mehrmals die Woche tuckert Frank Sorge mit seinem „Brot-Express" zu Brotliebhabern über die Straßen der Insel. Laut der Zeitschrift „Der Feinschmecker" gehört sein Brot zu den besten in ganz Deutschland. Doch auch ohne das ist ein Besuch auf dem Hof von Britta-Maria und Frank Sorge ein wunderbar entspannendes Erlebnis. Man hört das Plätschern eines Baches und unter hohen alten Bäumen kann man ofenfrische Backwerke mit einem heißen Kaffee genießen. Abseits der Hauptverkehrsadern und umgeben von Feldern und Wiesen ist das hier ein ruhiger, freundlicher Ort. Gelbe Gummistiefel an der Landstraße nach Lohme weisen den Weg.

Der Ökobäcker Frank Sorge formt nicht nur leckere Brote und Brötchen, auch Streuselkuchen mit frischem Obst gibt es bei ihm.

Wo: Rügener Spezialitätenmanufaktur, Familie Sorge, Baldereck 9, 18551 Glowe
Infos: Tel. 038302/53448, www.ruegener-spezialitaeten-manufaktur.de
Highlights: Besondere Atmosphäre, Streuselkuchen essen und Kaffeetrinken im wildromantischen Garten, sehr kinderfreundlich

Das Tor zur Schaabe
Glowe

An dem endlos langen Sandstrand an der Tromper Wiek liegen Nacktbader neben Männern und Frauen in Badeanzügen. Kinder strahlen mit der Sonne um die Wette, bauen Sandburgen, stürzen sich in die Wellen. Links von **Glowe** sieht man die Nordspitze von Rügen, das Kap Arkona, und entlang der zwei Kilometer langen **Strandpromenade** reihen sich weiße Häuser wie Perlen an einer Schnur, zum Teil neu gebaut, zum Teil liebevoll restauriert.

Architektonisch herausragend ist die **Ostseeperle**. Architekt des muschelförmigen Gebäudes ist der Binzer Schalenbaumeister Ulrich Müther (s. S. 53). Früher ein „Schnellrestaurant mit gelegentlichen Tanzveranstaltungen", genießt man hier heute eine einfache, aber ausgezeichnete Küche. Die Zutaten sind frisch und mit viel Liebe arrangiert, Pizzen werden direkt vor den Augen der Gäste zubereitet. Das Ganze natürlich mit Ostseeblick.

Hier in Glowe beginnt die **Schaabe**, eine mehr als zehn Kilometer lange Nehrung, die die Halbinseln Jasmund und Wittow miteinander verbindet und als einer der schönsten Sandstrände der Ostseeküste bekannt ist. Ein asphaltierter Radweg, beliebt auch bei Inline-Skatern, führt durch ein Kiefernwäldchen direkt zum „Windland" Wittow. Im Osten rauscht das Meer, auf der westlichen Seite liegen Heideflächen und eine naturbelassene Boddenlandschaft. Vom Ufer am Gelmer Ort genießt man einen traumhaften Blick auf den Großen Jasmunder Bodden. Wenn die Pilze den sandigen Boden durchdringen, sieht man in der Schaabe unzählige Sammler. Steinpilze kann

Wo: Im Norden der Halbinsel Jasmund, Tor zur Schaabe
Infos: Touristikbüro Gemeinde Glowe, Hauptstraße 73, 18551 Glowe, Tel. 038302/5221, www.glowe.de
Tipp: Kaffeetrinken auf der Terrasse des Restaurants Ostseeperle, Hauptstraße 65, 18551 Glowe; Hotel Schloss Spyker, Schlossallee 1, 18551 Spyker, Tel. 038302/770, www.schloss-spyker.de

Das Restaurant Ostseeperle ist eine Konstruktion von Schalenbaumeister Ulrich Müther. Am Abend lassen sich hier direkt am Glower Strand traumhafte Sonnenuntergänge beobachten.

man hier finden, Birkenpilze und Maronen.
Im Südosten von Glowe schließt sich das Naturschutzgebiet **Spykerscher See und Mittelsee** an, nicht nur Lebensraum von Eisvogel und Seeadler, sondern auch Durchzugsgebiet von großen Gänse- und Kranichkolonien.
Am südwestlichen Seeufer liegt **Schloss Spyker**. Bereits 1318 wurde der älteste Profanbau der Ostseeinsel in Quellen erwähnt. Berühmtester Besitzer war Carl Gustav Wrangel (1613–1676), der sich als schwedischer Feldmarschall im Dreißigjährigen Krieg hervorgetan hatte. Er ließ die ursprünglich mit einem Wehrgraben umgebene Burg zum Renaissanceschloss umbauen und wählte die schwedisch anmutende rote Farbe für den Außenanstrich. Heute beherbergt das nach historischen Vorlagen restaurierte Schloss Spyker ein Hotel und Restaurant.

Wittow
und die Schaabe

Der Schinkelturm (links) von 1826/27 ist der älteste Leuchtturm am Kap Arkona. Der „neue" Leuchtturm (rechts) versieht seit 1905 hier seinen Dienst.

Atemberaubende Ausblicke
Radelnd an die Nordspitze

Die rund 20 Kilometer lange Radstrecke von Juliusruh zum Kap Arkona und zurück bietet atemberaubende Ausblicke über die Halbinseln Jasmund und Wittow sowie über die Ostsee bis hin zur dänischen Insel Møn. Linker Hand schaukeln hochgewachsene Kiefern im Wind. Rechter Hand reicht das Wasser bis zum Horizont. Reine Natur, wie an so vielen wunderbaren Stellen der Insel. Die Tour beginnt an der neuen Promenade in **Juliusruh**, die von der Aquamaris Strandresidenz rechts an der Hauptstraße in den Ortskern führt. Richtung Norden führt die Straße und biegt rechts hinter den letzten Häusern von Juliusruh nach Nobbin ab. Auf einem alten Plattenweg geht es vorbei an Feldern und Ferienanlagen. Außerhalb der Hauptsaison wirken die Hütten und Häuser verwaist. Nur eine Handvoll Radler sind dann hier unterwegs. Nach wenigen Kilometern kommt die Ostsee näher. Der **Riesenberg von Nobbin**, ein Großsteingrab mit zwei „Wächtersteinen", erinnert nach etwa fünf Kilometern ein wenig an das legendäre Stonehenge, die Kultstätte im Süden Englands. Sand- und Plattenwege wechseln sich bis zum Fischerdörfchen Vitt ab.

Selbst wer noch nicht völlig erschöpft ist, sollte in dem Ort **Goor** etwa anderthalb Kilometer vor Vitt eine Pause einlegen. Im **Hof Zur kleinen Rast** auf der linken Seite des Weges kann man selbst gebackenen Kuchen und Liköre kaufen und natürlich in erster Linie das Meer genießen: Stille, Abgeschiedenheit und Natur.

Start: Auf der Promenade in Juliusruh (Höhe Aquamaris Strandresidenz)
Infos: Etwa 20 km lang, Informationsamt Breege/Juliusruh, Wittower Str. 5, 18556 Juliusruh, Tel. 038391/311, www.ostseebad-breege.de
Highlights: Riesenberg von Nobbin, Fischerdörfchen Vitt, Fischbrötchen essen am Hafen von Vitt, Blick von den Leuchttürmen und dem Peilturm am Kap Arkona auf die Ostsee und Rügen, Kultursommer am Kap, zum Tagesausklang im Spätsommer/Herbst: Kranichfahrt von Breege
Tipp: Steilufercafé Zur kleinen Rast, Goor, 18556 Putgarten

Radelnd an die Nordspitze

Wittow und die Schaabe

Das romantische Fischerdorf Vitt nahe dem Kap Arkona steht unter Denkmalschutz.

Das Fischerdörfchen **Vitt** ein Stück weiter im Norden liegt geborgen in einer Uferschlucht der Steilküste und steht mit seinen Reethäusern unter Denkmalschutz. Autos dürfen hier nur mit Sondergenehmigung fahren. Besonderer Besuchermagnet ist die kleine achteckige **Kapelle** oberhalb des Dorfes. Da für die Vitter Fischer der Weg zur nächsten Kirche zu weit war, predigte der Altenkirchener Pastor Ludwig Gotthard Kosegarten direkt am Ufer, ehe er ab 1806 die Kapelle in Auftrag gab. Am Hafen von Vitt, direkt an der Steilküste im Norden, sieht man am **Kap Arkona** (s. S. 94) die Reste der slawischen **Jaromarsburg** aus dem 10. Jahrhundert. Ein 1,3 Kilometer langer **Hochuferweg** führt direkt zu dieser heiligen Kultstätte der Ranen. Hier werden die Abtragungs- und Landbildungsprozesse der Ostsee besonders deutlich sichtbar. Immer wieder krachen Teile des Hochuferkliffs in die Tiefe. Der Radweg führt auf die beiden **Leuchttürme** zu, vorbei am Peilturm, eines von mehreren Ausstellungszentren am Kap.
Außer anderen Radfahrern sind hier auch Spaziergänger und Pfer-

dekutschen unterwegs. Der kleinere der Leuchttürme von klassizistischer Bauweise ist der nach seinem Erbauer benannte Schinkelturm aus den Jahren 1826/27. Man kann hier heiraten – oder nur hinaufsteigen und hoffen, bei klarem Wetter die dänische Insel Møn zu sehen. Der höhere Turm ist das neue Leuchtfeuer von 1905 vom Kap Arkona. Alle 17,1 Sekunden schickt es drei Blitze über das Inselland und die Ostsee.

Der nördlichste Punkt von Rügen ist der **Gellort**, einen Kilometer nordwestlich vom Kap gelegen. Der Weg dorthin führt durch ein Wäldchen und ist für Fahrräder gesperrt. Vom Hochufer aus sieht man außer dem endlosen Meer einen riesigen Findling am Steinstrand: den **Siebenschneiderstein**.

Zurück am Kap Arkona erzählt ein Einheimischer die Geschichte vom Leuchtturmwärter Schilling, der 1827 am Kap seinen Dienst aufnahm und als Retter vieler Seeleute galt. Als Mittel gegen Seekrankheit empfahl er eine merkwürdige Mischung aus rohem Opium, Bilsenkraut-Extract, gepulverter Muskatenblüthe und harter Seife. Das Ganze sollte dann in frischem Wasser eine halbe Stunde lang gekocht werden.

In der reetgedeckten Uferkapelle von Vitt darf auch geheiratet werden.

Vom **Rügenhof** in Putgarten (s. S. 96), dem Sitz vieler Künstler und Kunsthandwerker, führt die Dorfstraße wieder in Richtung Kap und biegt rechts nach Vitt ab. Für die letzten zehn Kilometer zurück nach Juliusruh sollte man sich genügend Zeit nehmen, um die vielen Eindrücke der Hintour noch einmal Revue passieren zu lassen. Dann wird das Herz ruhig und weit, wie das Meer.

Rügens Nordkap
Kap Arkona

Drei Türme auf einem Fleck und dazu fast immer eine steife Brise. Selten ist es an Rügens Nordkap völlig windstill. Ein Spaziergang rund um das **Kap Arkona** – eine mehr als 40 Meter hohe Steilküste mit Kreidefelsen – macht den Kopf so herrlich frei und negative Gedanken werden förmlich weggepustet. Dazu kommt, dass das Kap zu den sonnenreichsten Gebieten in der ganzen Bundesrepublik gehört. Nirgendwo sonst in Deutschland lässt sich die Sonne so oft blicken wie auf Deutschlands größter Insel. Mit 1700 durchschnittlichen Sonnenstunden jährlich liegt das Kap Arkona weit über dem deutschen Durchschnitt. Von den drei Türmen, die an der Steilküste thronen und allesamt bestiegen werden können, haben Besucher einen traumhaften Weitblick über die Ostsee bis hin zur dänischen Insel Møn und den Norden der Insel Rügen.

Der **Schinkelturm** ist der älteste Leuchtturm auf dem Plateau. Er stammt aus dem Jahr 1826/27 und wurde von dem preußischen Staatsbaumeister Karl Friedrich Schinkel erstmals 1835 besucht. Heute dient der 22,45 Meter hohe Backsteinbau als Aussichtsturm, Museum und Standesamt. Seit 1905 warnt der neue, 35 Meter hohe **Leuchtturm** daneben Seefahrer vor den Sandbänken und Klippen der Küste und weist ihnen den Weg auf der Ostsee. 175 Stufen führen in seinem schlanken Bauch hinauf auf eine Aussichtsplattform in 28 Metern Höhe. Im **Leuchtturmwärtergarten** am Fuße der beiden Türme finden in den Sommermonaten Theater und Konzerte statt. Im ehemaligen **Marinepeilturm**, der 1927 in Ziegelbauweise errichtet wurde, hat Schmuck- und Edelsteindesigner Nils Peters sein Atelier. Unter der gläsernen Kuppel kann man ihm beim Schmuckschaffen zusehen. Wer seinen Blick nach draußen wendet, entdeckt die Überreste der **Tempelburg**, die von den Slawen errichtet wurde und als bedeu-

Wo: Im Norden der Insel Rügen
Highlights: Theatersommer am Kap, Höhenfeuerwerk zum Jahreswechsel

Mehr als 40 Meter hoch ist die stark dem Wetter ausgesetzte Steilküste am Kap Arkona.

tendste Burganlage an der südlichen Ostsee galt. Heute hat sich die Natur große Teile der einstigen Kultstätte zurückerobert: Bereits zu zwei Dritteln ist sie ins Meer gestürzt.

Mit etwas Glück lassen sich hier **Kegelrobben** beobachten, die das Kap Arkona als Sammelpunkt ansteuern oder Seeadler, die am Inselhimmel ihre Kreise ziehen. Deutschlands nördlichster Zipfel ist **Gellort** ungefähr einen Kilometer nordwestlich vom Kap Arkona entfernt. Eine Treppe führt hinunter zum Steinstrand, an dem sich ein 165 Tonnen schwerer Findling namens **Siebenschneiderstein** befindet. In östlicher Richtung liegt das romantische **Fischerdörfchen Vitt**, das aus reetgedeckten Häusern und einer Rundkapelle besteht. Am Hafen gibt es Fisch aus dem Rauch.

Wer einen Ausflug zum Kap Arkona plant, muss das Auto auf einem Großparkplatz in **Putgarten** stehenlassen und seinen Weg zu Fuß durch das Naturschutzgebiet fortsetzen. Oder man nimmt in einer Pferdekutsche Platz oder in der Arkona-Bahn, eine gasbetriebene Bahn auf Rädern. 2,5 Kilometer sind es von Putgarten bis zum Kap. Der Weg führt am **Rügenhof** (s. S. 96) vorbei, an Restaurants, Cafés, Werkstätten und Ateliers.

Am Kap Arkona
Der Rügenhof in Putgarten

In den ehemaligen Stallanlagen und der Scheune des restaurierten Gutshofes in Putgarten haben sich Künstler und Kunsthandwerker angesiedelt. In der Schneiderei gibt es frisch-fröhliche Sachen aus Walk, mit langen Zipfelkapuzen, Bommeln und ausgefallenen Schnittmustern, in der Filzerei individuelle Kopfbedeckungen, Schals und Puschen, in der Korbmacherei Körbe in allen Größen und Formen, und in der Kerzenwerkstatt kann man sogar selbst kreativ werden. Glücksbringer von der Insel bekommt man im Bernsteinladen. Hier werden in liebevoller Kleinarbeit die Rügener Kreidemännchen gefertigt, bis zu 13 Zentimeter hohe Figuren, die ganz und gar aus Rügens Küstengold, der Felskreide, bestehen. Zu den kostbarsten der Schönheiten gehört zweifellos die Kreideelfe mit einem Bernsteinherz als Kette. Im Gutshaus des **Rügenhofs** werden Sanddornprodukte angeboten, im Café gibt es neben Kaffee und Kuchen köstliche Salate aus frischen Kräutern und komplette Mittagsgerichte.
Von Mai bis Oktober ist außerdem der Trödel- und Antiquitätenmarkt auf dem Rügenhof täglich ab 10 Uhr geöffnet.

Auf dem Rügenhof in Putgarten finden von Mai bis Oktober Trödel- und Antiquitätenmärkte statt. Hier ist auch die Wiege der Kreidemännchen.

Wo: In Putgarten (nördlichste Gemeinde der Insel Rügen)
Infos: Tourismusgesellschaft mbH Kap Arkona, Am Parkplatz 1, 18556 Putgarten, Tel. 038391/4190, www.kap-arkona.de

Ein Platz der Begegnung
Helene-Weigel-Haus in Putgarten

Bunte Blumen wachsen rund um das 200 Jahre alte Fachwerkhaus. Im Schatten der alten Bäume sitzen Menschen bei Milchkaffee, Kakao und frischem Streuselkuchen zusammen. Das **Helene-Weigel-Haus** im Norden der Insel Rügen ist ein Ort der Entschleunigung. In der Ferne ist das Getrappel von Pferden zu hören, die Inselgäste auf der gepflasterten Dorfstraße zum Kap Arkona bringen. Auf diesem Fleckchen Erde verbrachten bereits die Schauspielerin und Intendantin des Berliner Ensembles, Helene Weigel, mit ihrem Mann, dem deutschen Dramatiker und Lyriker Bertolt Brecht, ihre Ferien. Mitte der 1950er-Jahre kauften sie das Haus in Putgarten als Feriendomizil für die Familie. Nach dem Tod von Brecht stellte seine Frau dann auch Mitgliedern des Berliner Ensembles das Domizil als Ferienunterkunft zur Verfügung.

Der Vater der heutigen Besitzerin Claudia Zecher wurde von Helene Weigel als junger Mann ans Berliner Ensemble geholt und arbeitete dort mehr als 30 Jahre als Tonmeister. Jetzt ist seine Tochter Landschaftsarchitektin und kann sich noch sehr gut an ihre Kindertage in Putgarten erinnern. Eine Zeit, als das schöne Haus noch in der Hand der großartigen Künstlerin war. „Es war ein freies Großwerden, trotz des damaligen Systems DDR. Wir kamen mit tollen Leuten in Kontakt. Es war immer lustig und spannend hier", schwärmt die gebürtige Berlinerin. Und auch ihr Bruder Jens Hasselmann, Musiker, Autor, Schaupieler und Regisseur, hat viele gute Erinnerungen an die Aufenthalte im Norden der Insel. Im Frühjahr 2005 erwarben die Zechers das unter Denkmalschutz stehende Haus, das nach der Wende zusehends verfallen war. Ein aufwendiges Restaurieren

Wo: Helene-Weigel-Haus, Dorfstraße 16, 18556 Putgarten
Infos: Tel. 038391/431007, www.helene-weigel-haus.de
Highlights: 200 Jahre altes Fischerhaus, besondere Atmosphäre, idyllischer Garten, Tische aus der legendären BE-Kantine

Romantisch: Frisch gebackener Blechkuchen und italienische Kaffeespezialitäten im Garten des Helene-Weigel-Hauses – regelmäßig gibt es hier im zweihundert Jahre alten Fischerhaus in Putgarten Musik- und Theaterabende.

folgte. „Ich spüre eine tiefe Verbundenheit zu diesem Platz", betont Claudia Zecher.
Heute können Schauspieler des Berliner Theaters in dem Haus wieder ihre Theaterferien verbringen. Und nicht nur das. Das Gebäude mit seinem bunten Blumengarten und den knorrigen Bäumen ist für alle Interessierten ein Platz der Begegnung und der Kommunikation. Hier treffen sich Künstler der verschiedensten Sparten, Spaziergänger und Einheimische zum Gedankenaustausch, zu Lesungen und Liederabenden. Sie sitzen an den alten Tischen der legendären BE-Kantine, des Berliner Ensembles, die von Helene Weigel eigens für diese entworfen wurden. Ein verträumt romantischer Ort mit viel Geschichte und Kultur, bis heute.

Unterwegs im Windland
Mit dem Rad von Putgarten nach Dranske

Die Strecke zwischen Kap Arkona und Dranske ist ein Paradies für Radfreunde – wenngleich im Norden der Insel der Wind durchaus spürbar ist. Der Sommer verabschiedet sich langsam von Deutschlands größter Insel. Der Herbst mit seiner Farbenpracht und der würzigen Landluft wirft seine Schatten voraus. Wer in dieser Zeit eine Radtour über die Halbinsel Wittow unternimmt, wird mit Schönheit, Ruhe und Entspannung belohnt. Dazu gibt es Strecken ohne Höhenunterschiede, dafür aber mit Blick auf die Ostsee, sagenhafte Buchen und abgeerntete Felder.

In **Putgarten**, der nördlichsten Gemeinde der Insel, wurde ein Großparkplatz für Besucher eingerichtet. Der Ort selbst ist für den privaten Pkw- und Busverkehr gesperrt. Sehenswert ist der **Rügenhof** (s. S. 96) mit dem Gutshaus, der heute als Handwerkerdorf genutzt wird. Hier haben sich unter anderem ein Korbmacher, Filzer und Schneider angesiedelt. **Kap Arkona** (s. S. 94), die etwa 45 Meter hohe Steilküste mit den drei Türmen, wird gern als nördlichste Spitze der Insel bezeichnet – auch, wenn sie das gar nicht ist. Denn der **Gellort** ein Stück weiter ist noch etwas nördlicher gelegen. Eine Treppe führt dort vom Hochufer zum Steinstrand hinunter. Der kleinere Turm am Kap wurde 1826/27 nach Plänen von Architekt Karl Friedrich Schinkel in Backsteinbauweise erbaut. Nummer zwei sendete 1905 das erste Mal Lichtblitze aus. Der aus Ziegelsteinen errichtete Bau ist 35 Meter hoch und hat eine Feuer-

---

Start: Putgarten, Nordspitze der Insel Rügen
Infos: Von Putgarten nach Dranske 20 km lang, Rundtour etwa 34 km, Tourismusgesellschaft mbH Kap Arkona, Am Parkplatz 1, 18556 Putgarten, Tel. 038391/4190, www.kap-arkona.de
Highlights: Rügenhof mit Gutshof, Werkstätten und Lädchen, Leuchttürme am Kap Arkona, Gellort mit Siebenschneiderstein, Nordstrand, Hexenwald bei Schwarbe, Kreptitzer Heide, Schiffstour von Dranske zur Insel Hiddensee (Juni bis September)

Der Gellort ist der nördlichste Punkt Mecklenburg-Vorpommerns. Eine Treppe führt am Kliff hinunter zum Steinstrand.

höhe von 75 Metern über Normalnull. Dritter Turm im Bunde ist der ehemalige Marinepeilturm. Weiter geht die Fahrt zum **Naturschutzgebiet Nordufer mit Hohen Dielen**. Der Radweg führt direkt am Hochufer entlang. Am Wegesrand wachsen Sanddorn und Champignons. Am Horizont ziehen Adler ihre Kreise, Frachter und Segelschiffe gleiten über die Ostsee. Das Nordufer mit seinem Blockstrand gehört zu den landschaftlich reizvollsten Gebieten Deutschlands. Das **Naturschutzgebiet Nordwestufer Wittow und Kreptitzer Heide** an der Außenküste der Halbinsel Wittow ist das längste aktive Mergelkliff mit Dünen und Sandmagerrasen in der Bundesrepublik. Radler durchqueren die Kreptitzer Heide auf dem Ostseeradweg. Manchmal wird dieser auch von Schafen benutzt. **Dranske**, ein ehemaliges Fischerdorf, dessen Entwicklung nach 1916 durch das Militär bestimmt war, liegt zwischen dem Wieker Bodden und der Ostsee. Nach der Schließung des Militärstützpunktes 1991 änderte sich das Gesicht des Erholungsortes drastisch. Einwohner zogen weg und Gymnasium, Kindereinrichtungen und einige Blöcke wurden abgerissen. Viel hat sich in den zurückliegenden Jahren in Dranske verändert: Das ehemalige Haus der NVA ist heute Apart-Hotel. Der Anleger im Wieker Bodden wurde wiederaufgebaut, der Schiffsverkehr auf der Linie Dranske–Hiddensee 2010 aufgenommen. Knapp 20 Kilometer sind es vom Rügenhof in Putgarten bis zu dem Erholungsort. Und wem das Radfahren als sportliche Betätigung nicht reicht, für den ist der Bodden ein ideales Surfrevier. Am Strand gibt es eine Surf- und Segelschule. Zurück geht es auf dem Rügen-Radweg am **Wieker Bodden** entlang und dann weiter über Kuhle und Mattchow etwa 14 Kilometer zurück nach Putgarten.

Mit dem Rad von Putgarten nach Dranske

Hier führt die Natur Regie
Unterwegs auf dem Bug

Bis 1990 war der geheimnisumwobene **Südbug** Sperrgebiet. Seitdem führt dort allein die Natur Regie. Wanderleiter Stephan Freihaut weiß, dass auf dem größten Sandhaken des Eilandes seltene Vogelarten wie Seeadler, Sandregenpfeifer und Zwergseeschwalben ihre Kreise ziehen. Der südliche Teil des Bugs gehört seit 1990 zum Nationalpark Vorpommersche Boddenlandschaft. Auf geführten Wanderungen, die seit 1993 von der Wittow Touristik GmbH Dranske in Zusammenarbeit mit dem Nationalparkamt angeboten werden, können sich Besucher auf eine imposante Spurensuche über die mehr als acht Kilometer lange, an der schmalsten Stelle 55 Meter breite und wenige Meter über die Wasserlinie herausragende Landzunge begeben. 1876 bestand die Siedlung Bug aus fünf Häusern, in denen 56 Menschen lebten. Die idyllische Ruhe endete 1916 mit dem Aufbau einer Seeflugstation durch die kaiserliche Marine, die nach dem Ersten Weltkrieg demontiert wurde. Ab 1935 erfolgte der Aufbau eines Fliegerhorstes. Nach 1945 wurden die Einrichtungen auf dem Bug wieder zerstört. Bis zur Eröffnung einer Jugendherberge 1954 war der Bug unbewohnt. 1965 hielt dann die Nationale Volksarmee Einzug und richtete die Dienststelle Dranske/Bug ein.

Die dem Libben-Fahrwasser und damit der Ostsee zugewandte Seite hat einen weitgehend durchlaufenden Sandstrand. Auf der Boddenseite überwiegen Schilfgürtel, Sümpfe und Strandseen. Neben dem imposanten Kranichzug, der hier als Naturschauspiel im Frühjahr und Herbst zu beobachten ist, geben sich in den Wintermonaten Tausende Wasservögel ein Stelldichein.

Wo: Auf der Halbinsel Bug im Norden der Insel Rügen
Infos: Termine für Bug-Wanderungen unter Tel. 038391/8730 und 89007
Highlights: Größter Sandhaken der Insel Rügen, Natur erobert sich Militärrelikte zurück, die Insel Hiddensee scheint zum Greifen nah

Rügens älteste Dorfkirche
Altenkirchen

Der Ort trägt den Namen durchaus zu Recht: Durch einen gemauerten Torbogen gelangt man zur ältesten **Dorfkirche** Rügens. Das romanische Gotteshaus in **Altenkirchen** stammt aus der Frühzeit der Christianisierung Rügens (um 1168) und ist von einem Friedhof umgeben. Die alten Grabsteine sind inzwischen mit Moosen und Flechten bewachsen. Nur vor der eingezäunten Grabstelle des namhaften Dichters und Uferpredigers **Ludwig Gotthard Kosegarten** (1758–1818) neben der Kirche blühen Blumen. Im Inneren der dreischiffigen Basilika finden sich die Spuren aus der Baugeschichte der Kirche einträchtig nebeneinander: ein romanischer Taufstein von 1250, auf dem die Köpfe der vier Paradiesströme Euphrat, Tigris, Gihon und Pischon stilisiert dargestellt sind, gotische Wandmalereien und eine barocke Orgelempore. Der Altar und der

Wirkungsstätte Kosegartens: die Dorfkirche in Altenkirchen.

Pultengel wurden um 1724 in der Werkstatt von Elias Keßler gefertigt. Drei Stufen in der südlichen Vorhalle führen hinab zum eingemauerten **Svantevit-Stein**. Er zeigt einen bärtigen Mann mit Trinkhorn und stellt wohl den slawischen Gott Svantevit dar. Am Rande des Friedhofs befindet sich das **Kosegartenhaus**, ein ehemaliges Feuerwehrhaus, das heute eine Ausstellung über Leben und Wirken des Dichterpfarrers zeigt und Veranstaltungsort im Rahmen des Kirchen- und Musiksommers ist.

Wo: Auf der Halbinsel Wittow
Infos: Ev. Kirchengemeinden Altenkirchen und Wiek, An der Kirche 1, 18556 Altenkirchen, Tel. 038391/366, www.kirche-altenkirchen-ruegen.de
Highlights: Älteste Dorfkirche Rügens, Svantevit-Stein, Grabstätte des Dichters Ludwig Gotthard Kosegarten, Kirchenkonzerte im Sommer

Zentralrügen

Mächtige Alleen wie hier die Kastanienallee bei Zudar prägen das Bild auf Rügen.

Das Zentrum der Insel
Bergen auf Rügen

Es ist neblig auf dem Klosterhof, zwischenzeitlich fällt leichter Regen. Gerade richtiges Wetter für ein Seifenblasenabenteuer mit Clown Max. Der Unterhaltungskünstler ist immer mit dabei, wenn die Stadt **Bergen auf Rügen** einmal im Monat samstags zum Floh- und Handwerkermarkt in die **Klosteranlage** einlädt (März bis Oktober). Auf jenen Platz, an dem Slawenfürst Jaromar I. von Rügen 1193 in unmittelbarer Nähe seiner fürstlichen Residenz auf dem Rugard ein Nonnenkloster errichten ließ. Dieses wurde 1539 in ein Damenstift umgewandelt, hinzu kamen die zwischen 1731 und 1736 erbauten Stiftsgebäude. In den zurückliegenden Jahren wurden beide Stiftsgebäude umfassend saniert und sind heute als echte Schmuckstücke zu bestau-

Früher Stallanlage, heute Schauwerkstätten: Hier im Klosterhof in Bergen auf Rügen sind Künstler, Kunsthandwerker und ein Fotograf zu finden.

nen. Hier ist unter anderem das **Stadtmuseum** untergebracht. Auf mehreren Etagen ist die frühe Geschichte Rügens, die Geschichte des Klosters und der Stadt Bergen erlebbar.

In den früheren Stallungen des Klosterhofs befinden sich die **Schauwerkstätten**, in denen Bildhauer, Kunstschmiede, Keramiker und Fotokünstler ihr Domizil ge-

Wo: In der Innenstadt von Bergen auf Rügen, Billrothstraße 20b
Infos: Touristeninformation der Stadt Bergen auf Rügen, Markt 23, 18528 Bergen auf Rügen, Tel. 03838/811276, www.stadt-bergen-auf-ruegen.de
Highlights: Sommerkonzertreihe in der St.-Marien-Kirche, Romanische Malereien im Kircheninneren, Schauwerkstätten, Kuchen im Café Klostergenuss auf der Terrasse mit Blick auf den Klosterhof
Tipp: Stadtmuseum, Billrothstraße 20a, 18528 Bergen auf Rügen, Tel. 03838/252226

Die St.-Marien-Kirche in Bergen ist von allen Seiten weithin sichtbar. In ihrem Inneren findet man romanische Malereien.

funden haben. Regionale Produkte werden in dem **Lädchen und Café Klostergenuss** angeboten.

Gleich um die Ecke steht am Markt das **Benedix-Haus** aus dem 16. Jahrhundert. Es ist eines der ältesten Fachwerkgebäude Rügens und heute Sitz der Touristeninformation und des Standesamts.

Wer statt leiblicher Genüsse eher die geistig-kulturellen Schönheiten schätzt, sollte die **Klosterkirche St. Marien** besuchen, die Bestandteil der Europäischen Route der Backsteinkultur ist und von Slawenfürst Jaromar I. nach seiner Bekehrung als Zeichen der Christianisierung in Auftrag gegeben wurde. Bereits im Jahr 1193 geweiht, ist sie eines der frühesten Ziegelgebäude im norddeutschen Raum. Zu den wertvollen Ausstattungsstücken zählen ein Taufbecken aus dem 14. Jahrhundert und die Barockkanzel von 1776. Eine weitere Besonderheit sind die Wandmalereien mit biblischen Motiven aus der Zeit der Romanik. In der Außenmauer neben dem Hauptportal ist ein slawischer Grabstein eingemauert, Zeugnis der heidnischen Bräuche vor der Christianisierung. In den Sommermonaten werden in der Kirche Konzerte aufgeführt.

Die grüne Lunge der Insel
Auf dem Rugard

„Ihr holt das Sicherungsseil heran, hakt beide Karabiner ein. Achtet darauf, dass ihr das Seil beim Heranziehen gut festhaltet." Mit diesen Worten von einem der Team-Mitarbeiter beginnt die Tour für Kletterfreunde. Im **Kletterwald Rügen** genießt man die Aufregung der Höhe, die Lust an der körperlichen Herausforderung und die würzige Waldluft im Bergener **Rugard**, der sich 90 Meter über dem Meeresspiegel erhebt. Für viele kaum vorstellbar, dass hier vor 150 Jahren kein einziger Baum stand. Erst der Fürst zu Putbus ließ 1830 das Gelände aufforsten. Heute ist die „grüne Lunge der Inselhauptstadt", wie das Naherholungsgebiet von Einheimischen genannt wird, nicht nur bei Wanderern und Spaziergängern beliebt. In den zurückliegenden Jahren haben sich auch verschiedene Freizeitanbieter angesiedelt. Neben dem Kletterwald,

Denkmal für den Schriftsteller Ernst Moritz Arndt: der Rugardturm im Waldgebiet Rugard.

in dem Höhenunterschiede von bis zu 20 Metern zu überwinden sind, ist die **Inselrodelbahn Bergen** zu finden. Ganzjährig können Besucher in bunten Schlitten die 700 Meter lange Strecke mit einem Höhenunterschied von 27 Metern absolvieren, durch sieben Steilkurven, über mehrere Wellen und Sprünge.
Direkt neben der Inselrodelbahn geht es auf der **Minigolf-Anlage** besinnlicher zu, und auf der Rugardbühne finden regelmäßig

---

Wo: Am nordöstlichen Stadtrand von Bergen auf Rügen
Infos: Touristeninformation der Stadt Bergen auf Rügen, Markt 23, 18528 Bergen auf Rügen, Tel. 03838/811276 und 081126, www.stadt-bergen-auf-ruegen.de
Highlights: Ernst-Moritz-Arndt-Turm mit gläserner Kuppel

Von der gläsernen Kuppel des Rugardturms reicht der Blick weit über die Insel Rügen.

Konzertveranstaltungen statt. An den östlichen Teil des Rugards grenzt die Bergener **Gokart- und Buggybahn**, erreichbar über die Ortschaft Zittvitz Richtung Karow. Je nach Alter gibt es hier E-Mobile, Quads und eben Gokarts. Ohne Führerschein und Tempolimit – und damit nicht nur zum Spaß der Kinder, sondern auch zur Freude der Väter (und einiger Mütter)!

Ein beeindruckender Blick über Rügen, Hiddensee und das Festland bietet sich den Besuchern durch die gläserne Kuppel des 27 Meter hohen **Rugardturms**. Mit diesem Bauwerk setzte man nach einem Entwurf des Berliner Architekten und Baumeisters Hermann Eggert dem Schriftsteller **Ernst Moritz Arndt** in den 1870er-Jahren ein Denkmal, das sich auf historisch bedeutsamem Boden befindet. Bis 1325 hat hier auf dem Rugard eine slawische Burg gestanden. Der Wall erinnert daran. Und wer sich lieber gemächlich zu Fuß bewegt, der erlebt auf einem **Naturlehrpfad** durch das mit 91 Metern dritthöchste Gebiet Rügens die Vielfalt der hiesigen Pflanzen und Tierwelt.

Die Störtebeker-Festspiele
Ralswiek

Ralswiek ist ein romantisches Dorf am Großen Jasmunder Bodden. Mit seinen strohgedeckten Häusern unter alten Bäumen ist es die älteste Siedlung Rügens. Funde aus der Mittelsteinzeit belegen, dass schon vor 5000 bis 6000 Jahren Menschen hier gelebt haben. Und ein Silberschatz mit zahllosen arabischen Münzen, die alle zwischen 459 und 847 n. Chr. geprägt und heute im Kulturhistorischen Museum in Stralsund ausgestellt sind, zeigt, dass hier reger Handel mit der ganzen damals bekannten Welt getrieben wurde. Heute bummeln Touristen durch den **Neorenaissance-Schlosspark** und am kleinen Hafen entlang. Eine Besonderheit findet sich am Ortseingang. Graf Douglas, der Bauherr des Schlosses, gab 1907 auch die kleine schwedische Holzkapelle in Auftrag.

Sommer für Sommer wird Ralswiek zur Pilgerstätte für Tausende Menschen. Von Ende Juni bis Anfang September finden die **Störtebeker-Festspiele** statt, bei denen man allabendlich außer sonntags die Abenteuer des legendären Seeräubers auf der Naturbühne erleben kann. Mit dabei sind mehr als 150 Mitwirkende, 30 Pferde, vier Koggen, Kutschen und natürlich jede Menge Stunts und Spezialeffekte. Und nach der Show gibt es ein großes Feuerwerk. Nicht jeder mag Fan dieses Spektakels sein, aber es ist eine andere Facette der Insel Rügen.

Auf der Naturbühne in Ralswiek werden alljährlich die Abenteuer des legendären Seeräubers Klaus Störtebeker aufgeführt. Mit von der Partie sind bekannte Schauspieler.

Wo: Sechs Kilometer nördlich von Bergen auf Rügen
Infos: Störtebeker-Festspiele, Tel. 03838/31100, www.stoertebeker.de
Highlights: Aussicht von der Schlossterrasse auf den Großen Jasmunder Bodden, Holzkapelle Ralswiek, Störtebeker-Festspiele

Zurück in die Steinzeit
Lancken-Granitz

Rund 230 steinzeitliche Grabstätten von der jüngeren Steinzeit (etwa 4000 bis 2000 v. Chr.) bis in die frühe Bronzezeit (2000 bis 800 v. Chr.) soll es auf Rügen im Jahr 1829 gegeben haben. Heute existiert noch ein Fünftel davon. Imposant sind die sieben **Großsteingräber von Lancken-Granitz** zwischen Binz und Sellin. Verteilt auf einer Wiese am Rand des Ortes sind sie die umfangreichste Gruppe von Steinzeitbauten auf Rügen – und eine der ältesten Anlagen dieser Art in Mitteleuropa. Das eindrucksvollste unter den Monumenten ist das von trapezförmigen Steinreihen begrenzte Hünenbett, das sich in einem mit Eichenbäumen bewachsenen Hügel befindet. Beeindruckend sind die beiden Decksteine auf den Seitenwänden.

Viele Betrachter stellen sich heute die Frage: Wie haben die Menschen in der Steinzeit diese Brocken transportieren können? Archäologen vermuten, dass sie Baumstämme verwendet haben. Schon Architekt Karl Friedrich Schinkel sagte um 1824 über die Rügener Hünengräber, die man damals auf allen Höhen erblickt hatte, dass diese „mit der ganzen Natur so in Harmonie treten, dass das Ganze doch gewissermaßen als ein sonderbares, aber großartiges Kunstwerk wirkt und die Stimmung aufs Gemüt nicht verfehlt". Daran hat sich 200 Jahre später nicht viel geändert.

Wo: Hügelgräberfeld südwestlich von Lancken-Granitz im Südosten der Insel Rügen
Infos: Führung zu den Hünen- und Hügelgräbern in Blieschow und Lancken-Granitz mit Naturschutzwart René Geyer, Tel. 0173/9898031, www.naturgeyer.de
Anfahrt: Gräberfeld in Lancken-Granitz erreichbar mit dem Auto (B 96 von Stralsund nach Bergen, dann auf die B 196 bis Lancken-Granitz, vor Lancken-Granitz rechts abbiegen), mit Bussen der RPNV (Haltestellen Lancken-Granitz plus 20 Minuten Fußweg)

Der Maler und das Meer
Kunstkate Karow

„Das hast alles du gemalt?" Der Schauspieler und Regisseur Gojko Mitic ist überrascht. Er weiß zwar, dass sein Kollege und langjähriger Freund Frank Otto Sperlich neben seiner Arbeit als Filmemacher auch ein ausgezeichneter Maler ist, doch das Meer und das Wasser in solch einer Fülle und künstlerischen Vielfalt hat er so noch nicht gesehen. „Die Bilder würde ich mir gern alle in mein Haus hängen", lacht der gebürtige Serbe und ist begeistert. Der einstige Chef-Indianer hat selbst eine enge Verbindung zum Wasser. So wie eben Frank Otto Sperlich, der ein altes Bauernhaus in **Karow** am Kleinen Jasmunder Bodden zum Atelier umgebaut hat. Alljährlich beteiligt er sich an der bundesweit stattfindenden Aktion „Kunst:Offen" und gewährt Einblicke in sein Haus am Meer.

Die Insel Rügen ist für Frank Otto Sperlich, der in Zittau geboren und aufgewachsen ist, ein besonderer Ort. In Göhren im Südosten

Der Maler und Filmemacher Frank Otto Sperlich in seiner Kunstkate.

der Insel hat er seinen ersten Ostseeurlaub verbracht. „Ein Schlüsselerlebnis", wie er sagt. Inzwischen ist die Insel für ihn zur Heimat geworden, hier findet er Kraft und Inspiration. Seit seinen Kindertagen war er in dem Buch „Unsere schöne Heimat" (1960) von dem alten Bauernhaus mit der Bildnummer 26 begeistert. Heute betreibt er genau dieses Bauernhaus als Kunstkate. Es gehört zu den meistbesuchten Orten bei „Kunst:Offen".

Wo: Frank Otto Sperlich, Karow 5, 18528 Karow
Infos: Tel. 0171/2447519, www.kunstkatekarow.de
Highlights: 200 Jahre altes Bauernhaus, MeerLandschaften auf Leinwand

Feinste Trüffel und Torten
Zirkow

Der Ortskern von **Zirkow** zwischen Putbus und Binz ist von schmucken Häusern mit der traditionellen Reet-Deckung geprägt, von einer **Backsteinkirche** aus dem 15. Jahrhundert mit einem schwebenden Taufengel aus dem 18. Jahrhundert und – was ihn besonders macht – einem kleinen, aber feinen **Museumshof**. Das Gehöft von 1720 zeigt neben einer Sammlung landwirtschaftlicher Geräte das bäuerliche Alltagsleben zu jener Zeit. In einer ehemaligen Pfarrscheune neben dem Museumshof befindet sich eine **Schokolaterie**. In die gelangt man durch eine hohe Holztür, die vorbei an einem Bücherregal in eine urgemütliche Kaffeestube führt. Wer auf den Stühlen mit den selbst genähten Kissen Platz nimmt, wird mit frisch gebrühtem Kaffee, heißer Trinkschokolade oder süßen Köstlichkeiten aus der hauseigenen Konditorei und Schokolaterie verwöhnt. Die Rüganerin Christa

In der ehemaligen Pfarrscheune im Ortskern von Zirkow befindet sich eine Schokolaterie.

und der Holländer Hendrikus Steenvoorden haben sich in dem sanierten Fachwerkbau ihren Traum von einer eigenen Schokoladenmanufaktur erfüllt. Während Hendrikus, der gelernte Konditor und Schokolatier, feinste Trüffel, Schokolade und Torten herstellt, kümmert sich Frau Christa um das Ambiente und verwöhnt die Gäste mit den süßen Leckereien – in der nostalgischen Kaffeestube und auf der Terrasse.

Tipps: Museumshof Zirkow, Binzer Straße 43a, 18528 Zirkow, Tel. 038393/32824; Schokolaterie, Binzer Straße 50, 18528 Zirkow, Tel. 038393/665919, www.schokolat.de

Eldorado für die Kleinen
Zeit zum Naschen und Toben in Zirkow

Rügen steht als Ferienland für Ruhe und Entspannung. Doch allzu viel Besinnlichkeit kann für die Kinder auch langweilig werden. In **Karls Erlebnis-Dorf** in Zirkow vergeht die Zeit wie im Flug. Auf dem Abenteuerspielplatz neben dem Backsteinbau gibt es unter anderem eine Kartoffelsack-Rutsche, eine Traktorbahn, eine Seilbahn, eine Rattenküche, einen Wasserspielplatz, einen Kinderbauernhof mit Pferden und Ziegen und noch vieles mehr. Wenn der Mais hoch genug steht, kann man sich durch das Labyrinth schlängeln und danach Stockbrot backen. Bei Regenwetter geht es ab auf den Indoor-Spielplatz im Bauernmarkt. Hier gibt es auch eine Bonbon-Manufaktur und ein Tobeland-Kino. Doch Vorsicht bei einem Gang auf die Toilette! Wer dem Herrn auf dem Klohäuschen nicht wohlgesonnen ist, kann schon mal nass werden.

Auf die Türme, Kinder! Auf dem Spielplatz in Karls Erlebnis-Dorf in Zirkow haben die Kleinen viel Platz zum Toben und Klettern.

Neben viel Schnickschnack aus aller Welt gibt es auch regionale Produkte zu kaufen. Besonders lecker ist der Erdbeertraum, ein hausgemachter süßer Brotaufstrich aus der Marmeladenküche vor Ort. Hier will der Nachwuchs garantiert nicht mehr so schnell weg, die Eltern sollten also viel Zeit einplanen. Und das kann dann ja auch wieder entspannend sein.

Wo: Bauernmarkt in Zirkow auf Rügen, Binzer Str. 32, 18528 Zirkow
Infos: Tel. 038393/131534, www.karls.de
Highlights: Leckeres Frühstück, Erdbeertraum aus der Marmeladenküche, Spielplatz mit Traktorbahn und Kinderbauernhof

Rügens Kulturmetropole
Fürstenstadt Putbus

Bis heute strahlt **Putbus** den Glanz der einstigen **Fürstenresidenz** aus und ist damit alles andere als ein typisches Küstenstädtchen. Der weiße auch Rosenstadt genannte Ort wurde 1810 von Wilhelm Malte I. Fürst zu Putbus gegründet. Die Häuser präsentieren sich fast alle strahlend weiß, im klassizistischen Stil. Besonders eindrucksvoll ist das 1819 erbaute **Theater** in der Alleestraße mit seinen Säulen und Verzierungen und einem entzückenden Saal sowie der **Circus**, ein runder Platz, von baumbestandenen Wegen in acht gleiche Segmente geteilt und umbaut mit 16 klassizistischen Häusern. Der Obelisk in der Mitte erinnert an die Ortsgründung. In der warmen Jahreszeit blühen vor den imposanten Bauten Rosenbüsche in den verschiedensten Farben. Diese wurden damals auf Wunsch des Fürsten gepflanzt, heute werden sie durch den Rosendoktor von Putbus gepflegt. Ein besonderes Naturerlebnis ist ein Spaziergang durch den **Schlosspark**. Dort stehen unter anderem Riesen-Mammutbäume und ein Gingko mit seinen gespaltenen Blättern. Ganz in fürstlicher Pracht sind auch die

Wo: Im südlichen Teil von Rügen, acht Kilometer von Bergen entfernt, im Biosphärenreservat Südost-Rügen
Infos: Tourismus-Service im Hauptgebäude der Orangerie, Alleestraße 35, 18581 Putbus, Tel. 038301/431, www.putbus.de, www.ruegen-putbus.de
Highlights: Prächtige Rosen vor weißen Häusern, Theater, Orangerie mit wechselnden Ausstellungen, Schlosspark mit Schwanenteich, Kinderfest im Park im Juni, Puppen- und Spielzeugmuseum im Park, Haus auf dem Kopf in der Lauterbacher Straße, Kunstkaufhaus im Kronprinzenpalais am Circus, Uhrenmuseum in der Alleestraße, Fahrt zur Insel Vilm ab Hafen Lauterbach mit Führung über die „Urwaldinsel"
Tipps: Theater Putbus, Markt 13, 18581 Putbus, Tel. 038301/8080, www.theater-vorpommern.de; Uhren- und Musikgerätemuseum, Alleestraße 13, 18581 Putbus, Tel. 038301/60988, www.uhrenmuseum-putbus.de

Zentralrügen

Der Marktplatz mit dem Kriegerdenkmal, das an die Gefallenen aus der Grafschaft Putbus erinnern soll. Um den Platz herum stehen klassizistische Gebäude. Eines davon ist das Theater, das zu den ältesten – und sicherlich auch schönsten – in Europa gehört.

Orangerie, in der sich neben einem Café und der Touristeninformation auch ein künstlerisches Ausstellungszentrum befindet, der **Marstall** und natürlich die **Schlosskirche** angelegt. Das Gotteshaus war 1850 ursprünglich als Kurhaus errichtet und erst Ende des 19. Jahrhunderts zur Kirche umgewidmet worden. Im angrenzenden **Wildgehege** leben Rehe und Hirsche. Im Frühjahr ist der Boden im Park übersät mit Bärlauch, und der würzige Duft liegt über den Wiesen.

Bis Mitte des 20. Jahrhunderts gab es hier am Schwanenteich auch ein Schloss. Das wurde Anfang der 1960er-Jahre gesprengt und abgerissen. Doch auch ohne Schloss wird das weiße Putbus als Kulturhauptstadt Rügens bezeichnet. Am Circus ist ein **Kunstkaufhaus** zu finden, im ehemaligen Affenhaus im Park ein **Puppen- und Spielzeugmuseum**, und im Putbuser **Uhren- und Musikgerätemuseum** in der Alleestraße wird Zeit tatsächlich erlebbar. Bei all dem klassizistischen Gepränge muss aber eines noch erwähnt werden: Das erste bürgerliche Haus, erbaut auch schon 1810, war eine Brauerei.

Stille Winkel und Naturschutzgebiete
Am Rügischen Bodden

Die reizvollen Dörfchen entlang des **Rügischen Boddens** mit ihren sanften, grünen Hügeln und den Wäldern ringsherum, den Fischerhäusern und den Naturstränden stellen eine Küstenlandschaft dar, die in ihrer Schönheit einzigartig ist. Auf den ersten Blick erscheint **Nistelitz** im Osten mit seiner Kopfsteinpflasterstraße wie ein Museumsdorf. Ist es aber nicht. Es wohnen Menschen hinter den Backsteinwänden: eine Töpferin, ein Arzt, ein Theatermaler und noch viele mehr. Am Ort schnauft die nostalgische Schmalspurbahn Rasender Roland vorbei. Auf der anderen Seite der alten **Bäderstraße** führt eine Kopfsteinpflasterstraße nach **Groß Stresow**. Sanft schaukeln Fischerboote auf den Wellen. Der Strand ist naturbelassen, reetgedeckte Häuser schmiegen sich sanft ins hüglige Land. Der Ausblick reicht weit über den Rügischen Bodden, die Insel Vilm und die Halbinsel Mönchgut. Ein asphaltierter Fahrradweg führt an der Küste entlang in die nächsten Dörfer Muglitz, Freetz, Vilmnitz und durch das **Naturschutzgebiet Goor** weiter nach **Lauterbach**, dem ersten Seebad Rügens. Schon 1818 von Fürst Wilhelm Malte I. zu Putbus errichtet, kann man mit dem Rasenden Roland in der Hauptsaison bis ans Wasser (Lauterbach Mole) fahren. Das **Badehaus Goor** direkt am Bodden, das an einen griechischen Tempel erinnert, gehörte in der zweiten Hälfte des 19. Jahrhunderts zu den vornehmsten Häusern Europas. Heute ist es ein beliebtes Wellness-Hotel mit Restaurant. Durch das gleich dahinterliegende Naturschutzgebiet führt ein Pfad der Muße und Erkenntnis zu Hügelgräbern, früheren Siedlungs-

Wo: Im Biosphärenreservat Südost-Rügen
Infos: Tourismus-Service im Hauptgebäude der Orangerie, Alleestraße 35, 18581 Putbus, Tel. 038301/431, www.putbus.de, www.ruegen-putbus.de
Highlights: Idyllische Insellandschaften, abgelegene Dörfer, stille Buchten, Badehaus Goor, schwimmende Häuser in Lauterbach, Fischbrötchen auf dem Räucherschiff „Berta", Rügener Fischtopf im Restaurant Nautilus

flächen und beeindruckenden Bäumen. Einer von ihnen ist eine mächtige, fast 600 Jahre alte Schirmeiche, ein Baum voller Magie. Im Hafen von Lauterbach tanzen Segelyachten, Boote legen zu Rundfahrten um die Insel Vilm ab. Nur eines der Schiffe bleibt auch im Sommer im Hafen: das Räucherschiff „Berta". Am Weltfischbrötchentag im Mai wurde der Crew eine besondere Ehre zuteil: Das Berta-Team erhielt die Auszeichnung „Das beste Fischbrötchen 2013" in Gold. Echte Seebären genießen die Fischbrötchen natürlich direkt auf dem Kutter. Eine Kopfsteinpflasterstraße führt am Ufer entlang weiter nach **Neuendorf**. Herrlich ist eine Fahrt hier bei Sturm, wenn die Wellen gegen die Steinpackungen klatschen und bis auf die Straße spritzen. Es geht durch den Wald nach Wreechen und über eine Holzbrücke nach Neukamp. Ein kleines Museum am Ufer informiert über die Geschichte des Landstrichs. Auf der anderen Seite erstreckt sich der **Wreecher See**. Ein Betonplattenweg führt an seinem Ufer entlang durch den Ort **Neukamp**, vorbei an liebevoll restaurierten Fischerhäusern und blühenden Gärten. Der Feldweg am Ortsausgang von Neukamp führt direkt

Weidenallee in Neuendorf. Auf der einen Seite liegt ein kleiner Naturstrand, hinter den Bäumen verstecken sich reetgedeckte Häuschen.

zum Königs-Standbild Friedrich Wilhelm I., auch Soldatenkönig genannt, in Erinnerung an einen historischen Sieg der Preußen über Schweden, der allerdings deren Herrschaft nur kurzzeitig unterbrach.
Bereits nach einem Jahr mussten Brandenburg und Dänemark fast alle pommerschen Eroberungen, darunter auch Rügen, wieder an Schweden zurückgeben. Um die Erinnerung an dieses bedeutende Ereignis in der brandenburgisch-preußischen Geschichte zu bewahren, bestimmte der König von Preußen 1852, an der Südküste Rügens ein 17 Meter hohes Denkmal aus Granit, Sandstein und Zink errichten zu lassen. Auch dieses gehört zu den vielen Entdeckungen entlang Rügens Küste.

Bestattungsort der Familie zu Putbus
Kirche Vilmnitz

Wo befand sich der ursprüngliche Zugang zum Gruftraum? Gab es noch weitere Räume, und wie viele? Der Bestattungsort des Fürsten Wilhelm Malte I. zu Putbus in der **St.-Maria-Magdalena-Kirche zu Vilmnitz** gibt Rätsel auf. Einer, der nach Antworten sucht, ist der Berliner Bildhauer, Steinmetzmeister und Restaurator Carlo Wloch. Sicher ist, dass die Kirche Vilmnitz seit dem frühen 14. Jahrhundert Bestattungsort der Angehörigen der Familie zu Putbus ist. Der Gruftraum ist erst später geschaffen worden. Die Särge stammen aus der Zeit von 1635 bis 1860, als die Gruft nach der Beisetzung von Fürstin Luise im Oktober 1860 geschlossen wurde. Nach 1867 wurde die Familie im Mausoleum Putbus beigesetzt. Heute sind noch 27 Särge im Vilmnitzer Gruftraum zu finden. Die Hälfte besteht aus Holz, die anderen aus Metall. Auch Kindersärge sind darunter. Die Metallsärge sind von sehr guter handwerklich-künstlerischer Qualität, teilweise mit kultischen Motiven und christlichen Darstellungen, stellte Wloch fest.

Die St.-Maria-Magdalena-Kirche in Vilmnitz ist Bestattungsort der Fürstenfamilie zu Putbus. In den Sommermonaten wird sie zum Konzertsaal.

Wo: Im Biosphärenreservat Südost-Rügen
Infos: Ev. Pfarramt Putbus, Alleestraße 34, 18581 Putbus, Tel. 038301/436; Pfarrhaus Vilmnitz, Chausseestraße 1, 18581 Putbus/OT Vilmnitz, www.kirche-putbus.de
Highlights: Bestattungsort der Putbuser Fürstenfamilie, Schauplatz der Verfilmung der „Heiden von Kummerow", Orgelkonzerte im Sommer, Schneeglöckchen-Teppich im Frühjahr rund um die Kirche

Der Berliner Restaurator Carlo Wloch öffnet am Tag des offenen Denkmals die Fürstengruft für Besucher.

„Bemerkenswert sind die qualitätvollen Fassungen und der gute Erhaltungszustand." Zur Gruft, die sich unter dem Chorraum befindet und in zwei Gewölbebereiche aufgeteilt ist, führt eine steile Treppe. Das Gewölbe ist verputzt. In den unteren Wandbereichen sind kleine Findlinge zu sehen. Beeindruckend ist auch die Barockorgel von 1708/09 und vier Sandsteingrabdenkmäler aus dem Jahr 1600. Bereits im Jahr 1351 wurde die Kirche Vilmnitz als familiärer Bestattungsort erwähnt. Das geht aus einem Testament von Ritter Johannes von Putbus hervor. „Wir wollen in unserer Kirche Vilmnitz begraben werden", schrieb dieser damals. „Wir nehmen an, dass er damit auch seine Gemahlin Britta Jonque meinte", vermutet Wloch. Ein weiteres Indiz für eine frühere Bestattung der Familie ist eine Platte mit dem Namen und Sterbedatum Jürgen von Putbus aus dem Jahr 1553. Die Platte aus Gotlandkalkstein gehört zu den ältesten beschrifteten Steingrabplatten Rügens.

Im Einvernehmen mit der Familie führt Carlo Wloch heute Besucher in den Gruftraum. Der letzte Nachkomme, Franz zu Putbus, wurde 2004 auf seinen Wunsch hinter dem Chor der Kirche begraben.

1967 kam der schlichte Ziegelbau zu ganz unchristlichen Ehren, als er Schauplatz der Verfilmung der „Heiden von Kummerow" war. Besonders schön ist es hier, wenn Tausende Schneeglöckchen rund um die Kirche, zwischen gußeisernen Grabkreuzen im Frühjahr blühen. Ihr weißer Teppich ist schon von der alten Kopfsteinpflasterstraße aus sichtbar.

Als Urlaubsranger zum Großen Stubber
Robben in Sicht

Möwen gibt es überall an Rügens Küste, auch Seeadler oder Uferschwalben. Im Inselinneren sieht man, wenn man aufmerksam ist, Rehe oder Damwild. Dass es in der Ostsee auch Robben gibt, ist weniger bekannt. Mit dem Schiff geht die Fahrt von Lauterbach zum Großen Stubber im Greifswalder Bodden, auf der Suche nach diesen seltenen Meeressäugern. An Bord sind Kapitän Falk Frädrich, der Biologe Birger Buhl und ein gutes Dutzend Passagiere. Steuerbord (also rechts) ist Vilm zu sehen, eine Urwaldinsel. Früher abgeschirmtes Urlaubsquartier des SED-Regimes, heute Sitz der Internationalen Naturschutzakademie.

Während der Fahrt informiert der Biologe die Gäste über Kegelrobben und Seehunde. Um 1900 soll es im gesamten Ostseeraum um die 100 000 Exemplare gegeben haben. Zwanzig Jahre später waren sie ausgerottet. Fischer sahen in den Raubtieren eine Bedrohung. Sie fürchteten um ihren Fischbestand. „Es wurden sogar Robbenabschussprämien ausgesetzt. Die besten Seehundjäger wurden auf Postkarten verewigt", erzählt Buhl. In den 1970er-Jahren wurden die mittlerweile überall seltenen Tiere unter besonderen Schutz gestellt. Noch gibt es keine ständigen Kolonien in den Rügenschen Küstengewässern. Robben, die sich hierher verirren, kommen aus Schweden und Dänemark. Aber immerhin sind es dort mittlerweile schon wieder etwa 30 000 Tiere.

Ein aufgeregter Passagier hat die erste Robbe entdeckt. Alle anderen stürmen mit Ferngläsern und Kameras an Deck. Birger Buhl erklärt: „Auf unserer Fahrt werden Passagiere zu Urlaubsrangern. Das ist ein Projekt der Veranstaltungsagentur Discover Rügen, der

Wo: Im Biosphärenreservat Südost-Rügen
Infos: Robbenfahrten ab Lauterbach, Reederei Weiße Flotte, Tel. 03831/26810, www.weisse-flotte.de
Highlights: Robben sehen, Vortrag über Robben und Seehunde an Bord, Blick auf die Inseln Rügen und Vilm von See aus

Mit Ferngläsern lassen sich Robben am besten ausmachen. An windstillen Tagen ist die Chance, Robben in der Ostsee zu sehen, am größten.

Weißen Flotte und vielen weiteren Partnern. Die Gäste sollen aktiv an Naturschutz-Programmen teilnehmen können und in unserem Fall eben Monitoring betreiben. Also Tiere zählen." Nach etwa einer Stunde nähert sich das Schiff dem **Großen Stubber** im östlichen Greifswalder Bodden. Die Sandbank voller Felsen und Wasservögel wie Kormorane, Silber- und Mantelmöwen war im Mittelalter noch eine richtige Insel. Doch durch Holzeinschlag und das Entfernen von Steinen wurde sie zur Sandbank. Kapitän Frädrich gibt die Position durch. Die Gäste sollen notieren, an welcher Stelle sie Robben gesichtet haben. Die Daten werden abends per Mail an das Bundesamt für Naturschutz, das Deutsche Meeresmuseum, das Biosphärenreservat und andere Partner geschickt. Mit verringerter Geschwindigkeit fährt das Schiff um den Großen Stubber herum. Die Robben sollen nicht gestört werden. An windstillen Tagen liegen manchmal über 20 Tiere auf der Sandbank und sonnen sich. Auf dieser Tour sind es sechs Robben, die gemeldet werden können. Birger Buhl gibt die Daten in den Rechner ein. An Vilm vorbei geht die Fahrt zurück nach Lauterbach. Die Passagiere, die Gäste, die Entdecker sind um ein Erlebnis reicher.

Freiluftspektakel und Adventsmärkte
Gutshaus Krimvitz

Ein Landhotel mitten im Grünen, umgeben von Wäldern, Feldern und Wiesen. Das war und ist der Traum der gebürtigen Hamburgerin Amrei-Dorothee Schiemer-Krüger. Erfüllt hat sie sich ihn nach der Wende in Krimvitz, einem winzigen Dorf an der alten Bäderstraße zwischen Putbus und Garz. Vor dem roten Backsteinbau wachsen Kastanien, Heckenrosen, nebenan werden Kühe gemolken, und mehrmals im Jahr kommt hier fast die ganze Insel zu Adventsmärkten und Freiluftspektakeln zusammen. Dann herrscht buntes Treiben auf dem weitläufigen Gelände, zu dem ein holpriger Waldweg führt. Frauen flechten mit Kindern aus Feldblumen und Gräsern bunte Blütenkränze oder demonstrieren die große Wäsche mit Waschbrett, Bürste und Hand. Händler bieten Trödel, Antikes,

Freiluftspektakel mit den kostümierten „Artistokraten" vor dem Gutshaus Krimvitz.

Selbstgenähtes oder stilvolle Blumengestecke an. Artisten fliegen durch den Park. Bodenakrobaten schlüpfen in Kostüme der Fürstenfamilie. Denn die verbrachte vor langer Zeit hier ihre Winter, weil das Schloss in Putbus schwer zu beheizen war. Um die Weihnachtszeit ist die Pension im Landhausstil liebevoll dekoriert. In Körben lodert das Feuer, drinnen brennen Kerzen, das Ambiente ist warm und herzlich.

Wo: Zwischen Garz und Putbus im Süden der Insel Rügen
Infos: Dorfstraße 4, 18581 Krimvitz auf Rügen, Tel. 038301/641264, www.krimvitz.de
Highlights: Ehemaliges Winterquartier der Fürstenfamilie, Geburtshaus des Fürsten Franz zu Putbus, hausgebranntes Krimvitz-Müsli, Sommerspektakel im Park, Heiraten unterm Blütenkranz im romantischen Trauzimmer

Südrügen, Stralsund und Südwestrügen

Der Blick über Stralsund reicht von der St. Nikolai-Kirche (links) zur St. Jakobi-Kirche über den Strelasund hinüber nach Altefähr auf Rügen.

Das Museum am Burgwall
Garz

Bereits 1319 erhielt **Garz** das Stadtrecht und ist damit die älteste Stadt Rügens. Sehr verkehrsgünstig gelegen, war der Ort jahrhundertelang regionaler Mittelpunkt. Die **St.-Petri-Kirche**, die in ihrer Urform um 1350 errichtet wurde, beherbergt einen schwebenden Taufengel aus dem 18. Jahrhundert und einen Taufstein aus dem 13. Jahrhundert.

Ein ganz besonderer Zauber wohnt dem Garzer **Burgwall** inne. Der Sage nach soll hier vor der Christianisierung ein großes prächtiges Heidenschloss gestanden haben, in dem Götzen angebetet wurden. Ein alter König, der sich von seinen unermesslichen Schätzen nicht trennen konnte, baute tief unter der Erde einen Saal aus Marmor und Kristallen. Jahrhundertelang bewachte er sein Geld. Zur Strafe für seine Habgier wurde er in einen dürren schwarzen Hund verwandelt, der heute noch die Schätze bewacht.

Das Ernst-Moritz-Arndt-Museum in Garz.

Aber auch ohne diese Legende ist die Wallanlage am Südwestende der Stadt ein faszinierender Ort. Mit 200 Metern Länge und 14 Metern Höhe gehört sie zu den besterhaltenen slawischen Burgwällen Deutschlands. In einem Backsteinbau in der Nähe ist das **Ernst-Moritz-Arndt-Museum** von 1937 zu finden, das älteste Museum der Insel. Hier kann man sich über das Leben und Wirken des Dichters und Heimatforschers informieren, der südlich von Garz in Groß Schoritz 1769 geboren und in der St.-Petri-Kirche getauft wurde.

Wo: Im Süden der Insel Rügen
Infos: www.stadt-garz-ruegen.de
Highlights: Mittelalterfest am Burgwall
Tipp: Ernst-Moritz-Arndt-Museum, An den Anlagen 1, 18574 Garz, Tel. 038304/12212

Energie für Körper und Seele
Swantow

„Swantow, ein Ort, der nichts und zugleich alles verspricht, der noch Zeit hat, auf den Menschen zu warten, einen ganzen Sommer, wenn es sein muss." Zeilen aus dem Buch „Swantow – Die Aufzeichnungen des Andreas Flemming" von Dichter Hanns Cibulka (1920–2004). Es ist ein verträumter Ort im stillen Süden der Insel, umgeben von Feldern, vereinzelte kleine Gehöfte ducken sich hinter Bauminseln, der Blick reicht weit über das Land, im Ort selbst stehen ein paar alte Katen mit Strohdächern an den gepflasterten Straßen, eine schlichte Kirche mit alten Grabstellen, im Pfarrgarten wachsen 200 Jahre alte Eiben. Unter diesen hört man bei Vollmond unerklärliche Stimmen, wird erzählt. Die sollen von Slawen stammen, die die Christen verfluchen, denn die Kirche wurde auf den Resten einer slawischen Kultstätte errichtet. In Büchern wird der Ort als ein Platz beschrieben, der dem Körper und der Seele Energie spendet. Cibulka erfand zu DDR-Zeiten auf der Insel Hiddensee das „realfiktive alte Fischerdorf" Swantow, von wo aus die Lichter des ersten Kernkraftwerkes der DDR in Lubmin zu sehen waren, und sorgte so mit dem ersten Umweltbuch der DDR Anfang der 1980er-Jahre für reichlich Diskussionsstoff. Der Dichter selbst soll in Swantow ein kleines Häuschen nahe dem Pastorenhaus bewohnt haben. Es wird viel erzählt über den unscheinbaren Ort. Stille und Abgeschiedenheit – das macht seinen Reichtum aus.

Wo: Bei Garz im Süden der Insel Rügen
Infos: www.kirche-swantow.de
Highlights: Besondere Atmosphäre, 200 Jahre alte Eiben im Pfarrgarten, Kirche auf Resten einer slawischen Kultstätte erbaut

Die einzige Wallfahrtskirche auf Rügen
Kirche Zudar

Menschen betreten leise und andächtig das altehrwürdige Gotteshaus, staunen oder beten stumm. Das Licht, das durch die kleinen, bunt verglasten Fenster fällt, ist gedämpft, die hellen Wände sind schmucklos und vielleicht gerade darum so beruhigend für das Auge. Lediglich der **Altar** schäumt in gotischen Mustern wie die Gischt des Meeres. Die schmucke **Orgel** von 1884 wurde von Friedrich Albert Mehmel gefertigt. Auch von außen steht die Kirche ruhig und schlicht zwischen den vereinzelten Gräbern des Kirchhofes, auf dem noch die letzten Rosen blühen. Hohe Mauern im warmen Backsteinrot, nur wenige Fenster und ein Turm mit wettergrauer Holzverkleidung. Mindestens seit 1318 gibt es dieses Gebäude. Die **St.-Laurentius-Kirche** ist die einzige Wallfahrtskirche auf Rügen. Es gab Zeiten, da stand eine Reise nach Zudar halb so hoch im Kurs wie eine Pilgerfahrt nach Rom zum Sitz des Papstes. Es hieß: Zweimal Zudar

Die schlichte, gotische St.-Laurentius-Kirche in Zudar ist die einzige Wallfahrtskirche auf Rügen. Zur Erntezeit liegen Obst und Gemüse vor dem Altar.

und man war alle Sünden los. Ein wundertätiges Marienbild ließ die schlichte Kirche bis 1370 zu einem beliebten Wallfahrtsort werden. Doch als 1372 ein Pilgerschiff im Sund vor dem Palmer Ort sank und alle 90 Pilger starben, glaubten die Menschen nicht mehr an Zudars Wunderkraft.

Wo: Auf der Halbinsel Zudar im Süden der Insel Rügen
Infos: www.stadt-garz-ruegen.de

Rügens südlichster Zipfel
Palmer Ort

Unberührt ist das Südkap der Insel, von wohltuender Einsamkeit. Birken links und rechts des Weges, Kiefern, die vor dem Wind flüchten, und auf dem Wasser ein ständiges Glitzern und Funkeln von der Sonne. Der Blick findet Ruhe in der Weite des Meeres, und gleichzeitig gibt es so vieles zu sehen. Das Farbspiel des Wetters am Horizont, eine vorüberziehende Zeese, jenes alte Holzboot mit den typisch rotbraunen Segeln, Schwäne, die zur Landung ansetzen oder glänzend weiß auf den Wellen schaukeln. Still ist es hier, der Sandstrand schmal. Hölzchen, Federn, Seeglas und anderes Strandgut liegen dicht beieinander. Mit etwas Glück findet man sogar Donnerkeile und Hühnergötter. Ein Uferweg führt rechts zu Rügens Südkap. Hier gibt es keinen Leuchtturm, keine Imbissbuden, auch nur wenige Menschen, dafür aber Tiere und Pflanzen, die andernorts schon längst ausgestorben sind. Der **Palmer Ort**, Rügens südlichster Zipfel, besteht aus einem Sandhaken, der durch küstenparallele Strömung entstanden ist. Hier treffen der Greifswalder Bodden und der Strelasund aufeinander, ein Stück weiter westlich ist der Leuchtturm von Maltzien zu sehen. In manchen Wintern stapeln sich hier Eisschollen meterhoch. Wer hierherkommt, findet die reine Natur. Und manchmal sich selbst.

Der Leuchtturm von Maltzien. Hier ist man fast immer unter sich.

Wo: Im Süden der Insel Rügen
Highlights: Südkap der Insel Rügen, Eisaufstauungen im Winter

Von Südrügen auf das Festland
Radtour: Stille Winkel am Sund

Wer nach Rügen fahren möchte, nimmt die Brücke oder die Fähre. Radfahrer, die beides ausprobieren wollen, sollten die Rundtour von Puddemin auf der Insel über Stahlbrode und Stralsund in Angriff nehmen. Voraussetzung für die mehr als 40 Kilometer lange Strecke durch Dörfer und Wälder, über Uferwiesen und abgeerntete Felder sind ein geländegängiges Fahrrad und etwas Kondition, wenngleich es kaum größere Steigungen gibt. Ausgangspunkt ist der Hafen **Puddemin** im Süden Rügens. Hier befand sich von 1896 bis 1967 eine wichtige Verladestation der Schmalspurbahn Rasender Roland zum Festland. Weiter geht es durch das Dorf bis zur Landstraße nach **Zudar** (s. S. 128). Im Kreisverkehr fahren wir nach links zum Ortskern mit der gotischen Kirche aus dem

Start: Puddemin im Süden der Insel Rügen
Infos: Mehr als 40 Kilometer. Auch Teilstrecken sind möglich, zum Beispiel von Puddemin nach Altefähr (knapp 20 Kilometer). Empfehlenswert ist ein Abstecher über den Ort Üselitz mit der Ruine des ehemaligen Gutshauses. Bis zur Glewitzer Fähre ebenerdig, von Stahlbrode am Ufer bis nach Niederhof teilweise morastig. Der Blick auf den Strelasund und die Insel Rügen entschädigt für den schweren Weg über Uferwiesen und durch Wälder. Mountainbikern dürfte er Vergnügen bereiten. Wer die alte B 96 nimmt, fährt von Brandshagen – dort ist es hügelig – bis nach Stralsund über holperiges Pflaster. Weiter geht es ebenerdig. Einige Abschnitte sind vor Gustow bis Puddemin hügelig. Teilweise ist der Radweg von Altefähr in Richtung Putbus stark zugewachsen. Für Familien und Anfänger ist die Tour ungeeignet. Man sollte einen ganzen Tag Zeit einplanen.
Highlights: Wallfahrtskirche Zudar, Gutshaus Losentitz, Überfahrt mit der Glewitzer Fähre, LandWert Manufakturen in Stahlbrode, Nachtwächterführung durch Straßen und Gassen der Stralsunder Altstadt, Meeresmuseum Stralsund, Blick auf den Strelasund
Tipp: Gasthof Grahlerfähre, Grahlerfähre 1, 18573 Altefähr, Tel. 038306/75013, www.grahlerfaehre.de

Auftanken am Strelasund auf Höhe Gasthof Grahlerfähre im Südwesten der Insel.

14. Jahrhundert, die einst ein beliebter Wallfahrtsort war. Bis zur Fähre weiter im Südwesten führt ein asphaltierter Radweg. Nach wenigen Fahrminuten erreichen Radler zunächst **Losentitz**. Es lohnt, rechter Hand nach dem Gutshaus Ausschau zu halten. Der rote Backsteinbau stammt aus dem Jahr 1892, die neuen Besitzer haben ihn aufwendig saniert. Im angrenzenden Park wurde ein historischer Eiskeller aus konisch übereinander geschichteten Findlingen entdeckt, in dem früher leicht verderbliches Gut wie Fisch und Geflügel eingelagert wurde. Mit der 2,5 Kilometer entfernten **Glewitzer Fähre** geht es dann über den Strelasund. Auf dem Festland lohnt ein Abstecher zu den LandWert Manufakturen. Einfach der Landstraße folgen und nach wenigen hundert Metern links abbiegen. Im Hof-Restaurant können sich Radler stärken. Wer über ein geländegängiges Rad verfügt, sollte den Uferweg nach Nienhagen nehmen. Die Strecke führt in entlegene Winkel am Strelasund, durch eine Landschaft, die einfach urig ist. Für Familien mit Kindern, Rad-Anfänger oder auch nach Starkregen ist der Weg aber keineswegs zu empfehlen. Wer auf Nummer sicher gehen möchte, sollte auf die Pflasterstraße nach Brandshagen ausweichen. Von Stahlbrode bis nach Stralsund sind es knapp 19 Kilometer. Auf halber Strecke erreichen Radler **Brandshagen**. Schon von Weitem ist die Marienkirche sichtbar, erbaut im 13. Jahrhundert, die zu den größten Dorfkirchen im Norden gehört.

Weiter geht es auf der Pflasterstraße, der ehemaligen B 96, nach **Stralsund**. Die alte Hansestadt am Strelasund wird aufgrund ihrer Lage auch als Tor zur Insel Rügen bezeichnet. Sie reihen sich wie Perlen an einer Kette, die prachtvollen Giebel in der **Altstadt**. Fast 780 Jahre hat sie – reich an historischen Bauten aller Stilepochen – auf dem Buckel. Seit dem Jahr 2002 gehört Stralsund zum

Die Altstadt von Stralsund mit der St.-Nikolai-Kirche und dem Strelasund im Hintergrund. Seinen Namen erhielt das mächtige Gotteshaus nach Nikolaus von Myra, dem Schutzheiligen der Seefahrer.

UNESCO-Weltkulturerbe und damit zu den bedeutendsten Orten auf der ganzen Welt. Besonders sehenswert sind die prachtvollen Gebäude am Alten Markt, wie das **Rathaus** mit der prächtigen Schaufront im gotischen Stil und das **Wulflamhaus**, wohl das berühmteste unter den mittelalterlichen Giebelhäusern. Beeindruckend sind auch die Pfarrkirchen **St. Jakobi**, **St. Nikolai** und **St. Marien**, die restaurierten **Speicher** am Hafen, die **Kanäle** und die Museen. Ein Großteil der Bauten in der Altstadt besteht aus handgefertigten, leuchtend roten Backsteinen – stumme Zeugen des Reichtums aus der Zeit der Hanse.

Das **Deutsche Meeresmuseum** mit Meeresschildkrötenbecken ist das größte Museum seiner Art im mitteleuropäischen Raum. Es befindet sich in der Hallenkirche des **Klosters St. Katharinen** am Katharinenberg 14–20. Ein Erlebnis sind die Taschenlampenführungen zu später Stunde, geheimnisvolle Expeditionen durch die Museumslandschaft. Zu den

Die spätgotische St.-Marien-Kirche ist die größte Pfarrkirche Stralsunds. Vom 104 Meter hohen Turm hat man einen guten Blick über die Hansestadt und ihre Umgebung. Rechts lugt St. Jakobi über die Bäume, die jüngste der drei Pfarrkirchen aus dem frühen 14. Jahrhundert.

jüngsten Museen zählt das **Ozeaneum** auf der Hafeninsel mit seinen Humboldtpinguinen und der Dauerausstellung „1:1 Riesen der Meere", die Wale in Lebensgröße zeigt. Für Kinder gibt es unter anderem einen Erlebnistunnel, der in die Tiefsee führt, und ein Forscherdeck. Im Jahr 2010 wurde der architektonisch herausragende Neubau, der aus vier modernen Baukörpern besteht, vom Europäischen Museumsforum zu „Europas Museum des Jahres" gekürt.

Wenige Flügelschläge vom Ozeaneum entfernt ragen die drei Masten des Traditionsschiffes **Gorch Fock (I)** in den Himmel. Der Großsegler wurde 1933 in 100 Tagen in Hamburg gebaut und war von 1951 bis Anfang der 1990er-Jahre unter dem Namen „Towarischtsch" das Schulschiff der sowjetischen Marine.

Im Erdgeschoss des Speichers am Katharinenberg, 500 Meter vom **Kulturhistorischen Museum** entfernt, befindet sich eine **Spielkartenfabrik** mit Museumswerkstatt. An allen historischen Maschinen wird auch heute noch gearbeitet. Die größte Rügen-Karte der Welt ist als Wandgemälde in der Stralsunder Bahnhofshalle zu bestau-

Das Ozeaneum auf der Hafeninsel ist eines der meistbesuchten Museen Norddeutschlands. Der Gebäudeentwurf stammt von den Architekten Elke Reichel und Peter Schlaier und symbolisiert vom Meer umspülte Steine.

nen. Sie stammt aus dem Jahre 1936 und wurde von dem Maler Erich Kliefert (1893–1994) geschaffen.

Über den Dänholm mit dem Nautineum und den **Rügendamm** geht es zurück auf die Insel. Die Unterführung passieren, rechts abbiegen und dann am Ufer entlang radeln. Für eine Pause empfiehlt sich der Gasthof Grahlerfähre mit Panoramablick auf Stralsund. Der Tresen in der Gaststube stammt aus dem Jahr 1904. Seit mehr als 90 Jahren ist das Einzelfährgehöft unterhalb von Grahlhof in Familienbesitz. Weiter geht es nach **Gustow**, teilweise auf Asphaltstraße und teilweise auf der ehemaligen Kleinbahntrasse. Dort lohnt sich ein Blick auf die Kirche mit dem Sühnestein von 1510 nordöstlich des Gebäudes. Am Ortsausgang führt ein acht Kilometer langer Radweg über Venzvitz nach **Poseritz**. Die St.-Marien-Kirche von Poseritz ist ein gotischer Backsteinbau aus dem 14. Jahrhundert.

Aber vielleicht will man ja nur noch ankommen: Nach knapp fünf Kilometern sind wir zurück in Puddemin.

Hier strahlt nicht nur das Milchmädchen
Rügener Inselfrische in Poseritz

Es ist später Nachmittag. Die technischen Geräte im Produktionsraum der kleinen **Molkerei** stehen still. Der Boden ist feucht vom Schrubben und Wischen. Im Eingangsbereich stehen Kisten randvoll gepackt mit Wildfruchtaufstrichen und Sanddornsaft. Vor einer Stunde wurde hier das letzte Glas verschraubt und mit dem nostalgischen Aufkleber, einem strahlenden Milchmädchen, versehen. Im **Hofladen** und im **Café** herrscht reger Betrieb. Abseits der Touristenpfade befindet sich eine der kleinsten Molkereien des Landes, die Rügener Inselfrische in Poseritz. 380 000 Liter Milch und 14 Tonnen Wildfrüchte werden jährlich von den rund ein Dutzend Mitarbeiterinnen zu Joghurt, Quark und Frischkäse verarbeitet – ohne Zusatzstoffe und chemische Zusätze. Die Milch stammt von Poseritzer Kühen, die Säfte kommen von Produzenten aus der Region.

Abseits der Touristenpfade befindet sich die Molkerei Poseritz.

Mit der Molkerei, in der die gesunden Naturprodukte hergestellt werden, hat sich die Agrarwissenschaftlerin Sylva Rahm-Präger im Jahr 1998 einen Traum erfüllt: „Ich wollte weg von der Genforschung und zurück auf die Insel." Die hatte sie im Alter von 16 Jahren verlassen. Zurück auf Rügen hat sie dann mit der Hilfe eines erfahrenen Molkereimeisters einen ehemaligen Schweinestall zur Molkerei umbauen lassen. Neue Rezepte kommen von den Kunden selbst. 28 Milch-Produkte und 18 verschiedene Fruchtaufstriche stehen derzeit auf der Angebotsliste.

Wo: Poseritz Hof 15, 18574 Poseritz
Infos: Tel. 038307/40429, www.ruegener-inselfrische.de
Highlights: Hofladen mit Produkten aus der Molkerei, den fruchtigen Vanilletraum auf der Terrasse genießen

Rügens stiller Südwesten
Mit dem Rad von Rambin nach Altefähr

Jede Region der Ostseeinsel hat ihren besonderen Reiz. Der Südwesten von Rügen zeigt sich mit weiten Feldern, idyllischen Plätzchen im Schatten haushoher Pappeln am Ufer des Kubitzer Boddens oder des Strelasunds, kleinen verträumten Orten und vor allem mit Ruhe und Einsamkeit. Eine etwa 13 Kilometer lange Radtour führt von Rambin bis nach Altefähr. Start ist am **Bauernmarkt Alte Pommernkate** an der Hauptstraße in Rambin. Hier können sich Radler vor Beginn der Tour mit Proviant eindecken: Fisch aus dem Räucherofen und Kuchen aus der hauseigenen Konditorei. **Rambin** ist eines der ältesten Dörfer der Insel. Es wurde erstmalig um 1246 geschichtlich erwähnt. Sehenswert sind unter anderem die mittelalterliche **St.-Johannes-Kirche** im Dorfkern und die Gartenanlage des **Klosters St. Jürgen** mit der Kapelle am nördlichen Ortsausgang, die sich im Besitz von Stralsund befindet.

Ein Plattenweg führt von Rambin nach **Breesen**. Zu den Besonderheiten zählt das 1849 errichtete **Gutshaus**, das Familie Kube gern an Feriengäste vermietet. Im Haus soll es spuken, doch die Familie lebt in Frieden mit dem Hausgeist Werner von Noorden, der hier von einem sowjetischen Soldaten erschlagen wurde. Durch die Re-

---

Start: Rambin im Süden der Insel Rügen
Infos: Von Rambin nach Altefähr etwa 13 km, die Rücktour über knapp 6 km kann auf dem asphaltierten Radweg an der B 96 erfolgen (spart Zeit), oder, wer es ruhiger mag, kann über Gurvitz und Breesen nach Rambin fahren. Von Rambin führt ein Plattenweg bis zum Bessiner Haken. Die Strecke ist ebenerdig. Bis Altefähr ist es hügelig. Asphalt und unbefestigte Wege wechseln sich ab. Vorsicht am Hochufer!
Highlights: Kloster Rambin, Kapelle Bessin, Softeis im Eiscafé in Altefähr
Tipps: Alte Pommernkate, Rügener Bauernmarkt & Café, Hauptstraße 2a, 18573 Rambin, Tel. 038306/62630, www.altepommernkate.de; Hofcafé Gurvitz, Gurvitz 2, 18573 Rambin, Tel. 038306/60332, www.hofcafe-gurvitz.de

Die Kapelle zum heiligen Kreuz in Bessin ist die kleinste Kirche Rügens. Ein Förderverein setzt sich für den Erhalt des Gotteshauses ein.

novierung erstrahlt das 1848 erbaute Gebäude wieder wie in der Vorkriegszeit.

Weiter geht es auf dem Landweg nach Gurvitz, vorbei am ausgeschilderten Aussichtspunkt Fuchsberg, an Feldern und riesigen Pappeln. In der Ferne glitzert das Wasser des Kubitzer Boddens, am Horizont ziehen Segelboote vorüber. In **Gurvitz** wohnt Christian Berlet. Der gebürtige Iserlohner kam 2000 nach Rügen. Über viele Jahre hat er aus einem Bauerngehöft einen „Raum für Heilung" gemacht. So nennt er sein Seminarzentrum mit Steinkreis und Schwitz-Stein-Höhle. Der gelernte Koch, Kosmetiker und Visagist betreibt auf dem Hof ein Café und praktiziert schamanische Rituale.

In Gurvitz befinden sich nur vier Wohnhäuser. Eine Pappelallee führt in Richtung Altefähr. Auf dem Weg dorthin lohnt ein Abstecher nach **Bessin**. Die gotische **Kapelle zum Heiligen Kreuz** steht als achteckiger Backsteinbau an der Dorfstraße, gegenüber laden Bänke zum Verweilen ein. Der Stralsunder Bürgermeister Matthias Darne hatte den kleinen Gottesbau 1482 gestiftet, das Innere verbirgt einen barocken Kanzelaltar von 1742/43 und ein Weihwasserbecken aus dem Mittelalter. Am Bessiner Haken endet der Plattenweg. Bis nach **Altefähr** geht es parallel zum Strelasund auf Asphalt und Sand weiter. Von den Bänken am Hochuferweg genießt man den Blick auf die Silhouette der Stralsunder Altstadt, die man seit Jahrhunderten mit der Fähre von Altefähr direkt erreichen kann. In der **Kirche St. Nikolai** gibt es vier Votivschiffe zu besichtigen, die als Dank für die Errettung aus einer Notlage gestiftet wurden. Und wer sich von der Radtour erholen möchte, für den gibt es im Eiscafé am Strand ein Softeis, das neue Kraft für die Rücktour gibt.

Mit dem Rad von Rambin nach Altefähr

Westrügen und die Insel Ummanz

Auf den fruchtbaren Wiesen der Insel Ummanz im Nationalpark Vorpommersche Boddenlandschaft weiden Rinder.

Ein wunderbarer Ort der Stille
Schlosspark Pansevitz

Eine Landschaft wie gemalt: Die Wanderwege, Seen und alten Bäume im Schlosspark Pansevitz sind herrlich.

Ein **Schlosspark** mit uralten Bäumen, mittendrin ein Wundersee mit Liebesinsel, zu der eine hölzerne Brücke führt: Romantik pur! Eine dichte Allee führt in den ab 2007 aus seinem fünfzig Jahre währenden Dornröschenschlaf geweckten englischen Landschaftsgarten, mächtige Blutbuchen oder die seltene Kaukasische Flügelnuss gehören zu den dendrologischen Schönheiten. Das **Herrenhaus** der Familie Graf zu Knyphausen ist heute nur noch eine Ruine, eine neu angelegte Spindeltreppe mit 70 Stufen führt hinauf auf den Turm. Von dort überblickt man den 12 Hektar großen Park, umgeben von Wäldern und Feldern. Unter den schönsten Bäumen finden Menschen ihre letzte Ruhe. Denn im Jahr 2006 wurde ein FriedWald in den historischen Park integriert.

Wo: Bei Gingst im Westen der Insel Rügen
Infos: Stiftung Schlosspark Pansevitz, Am Park 6, 18528 Kartzitz, Tel. 03838/313313, www.stiftung-schlosspark-pansevitz.de
Highlights: Schlossruine, Wundersee mit Liebesinsel

Berühmter Marktflecken
Gingst

Gingst war schon im Mittelalter neben Garz und Bergen ein bedeutender Marktflecken auf Rügen und Heimat zahlreicher Handwerksbetriebe (s. S. 144). In guter Tradition finden hier noch heute regelmäßig Märkte statt, besonders lohnenswert ist der Kunsthandwerkermarkt, der alljährlich im August veranstaltet wird.
Die backsteinerne **St-Jacob-Kirche** im sanierten Ortskern entstand Anfang des 14. Jahrhunderts und wurde nach einem Brand 1726 barock umgestaltet. Besonders sehenswert im Inneren ist die historische Orgel von Christian Kindten aus dem Jahr 1790 und die reich verzierte Kanzel von 1743.
Einmalige Mitbringsel und Erinnerungsstücke finden Sie am **Markt**. Hier bietet die Keramikerin Roswitha Burgmann-Seewald fantasievoll bemalte Feen und feine Fräuleins, Fayencen und Gebrauchsgeschirr an. Auf der Terrasse hinter dem Laden gibt es Milchkaffee und Kuchen. Und nebenan im BuchLaden von Petra Dittrich lesen regelmäßig preisgekrönte Autoren. Wenn ihr Lesesaal aus allen Nähten zu platzen droht, dann finden Ihre Veranstaltungen in der **Kunstscheune Vaschvitz** am Rassower Strom statt.

Hier spielt die Musik. Auf dem Gingster Marktplatz finden das ganze Jahr über Märkte und Veranstaltungen statt.

Tipps: Töpferei und Feinste Regionalwaren, Markt 4, 18569 Gingst, Tel. 038305/60086, www.toepferei-regionalwaren.de; BuchLaden Gingst, Markt 5, 18569 Gingst, Tel. 038305/535916, www.der-buchladen-ruegen.de

Wie lebten die Handwerker?
Museumshof Gingst

Ein kleines Paradies im Inselwesten sind die **Historischen Handwerkerstuben** in Gingst. Angenehm kühl ist es in den beiden nebeneinander stehenden reetgedeckten Fachwerkhäusern aus dem 17. und 18. Jahrhundert, in denen die Wohn- und Lebensverhältnisse der einst in Gingst ansässigen Handwerker gezeigt werden. Zahlreiche Ausstellungsstücke aus verschiedenen Epochen geben einen Einblick in den Alltag von Schuhmachern, Webern und Schneidern. Nebenan in einer kleinen Fachwerkschmiede wird noch regelmäßig das Feuer angeheizt. Im Schatten alter Bäume spielen Kinder auf der Wiese. Die Großen genießen frisch gebrühten Kaffee und warmen Kuchen bei Vogelgezwitscher auf dem Museumshof. In der ehemaligen Scheune wird der Kuchen gebacken. Sommer für Sommer wird sonnabends auf dem Museumshof ein kleines Markttreiben veranstaltet. Händler aus der Region bieten ihre Erzeugnisse zum Verkauf an.

Das Efeuhaus mit der bunt bemalten Tür (oben) auf dem Museumshof Gingst.
Im Haus Kremke sind die Lebensverhältnisse eines Schneiders dargestellt (unten).

Wo: Historische Handwerkerstuben Museumshof Gingst, Karl-Marx-Straße 19/20, 18569 Gingst
Infos: Museumshof Tel. 038305/304, Museumscafé Tel. 038305/539993
Highlights: Idyllischer Museumshof mit selbst gebackenem Kuchen

In einem Tag um die Welt
Der Rügen Park Gingst

Um die sieben Weltwunder an nur einem Tag zu erkunden, müssen Eltern ihren Nachwuchs nicht stundenlang im Auto unterhalten. Jörg Lüth, Chef des Gingster **Rügen Parks**, hat hier eine vier Hektar große Freizeiteinrichtung geschaffen, mit Fahrattraktionen, Parkeisenbahn, Streichelzoo und eben Miniaturwelten. Zu den eindrucksvollsten Exponaten zählen die sieben Weltwunder, die Chinesische Mauer (eine alte Grenzbefestigungsanlage in China), das Kolosseum (ein antikes Amphitheater in Rom) oder das Taj Mahal (ein Grabmal in Indien). Aber auch der Nachbau der Insel Rügen mit dem Jagdschloss Granitz, dem Binzer Kurhaus oder dem Circus in Putbus fasziniert. Alle Modelle wurden im Maßstab 1:25 errichtet und sind bis zu neun Meter hoch. Im Fun- und Fahrbereich des Parks können Gäste mit der Seilbahn durch das Gelände schweben, mit Nautic-Jets abheben,

Die Tower Bridge von London im Rügen Park Gingst.

Purzelbäume rückwärts und vorwärts im Luna Loop schlagen oder in lenkbaren Gondeln über das Wasser gleiten. Und natürlich gibt es auch ein Restaurant, um sich zwischen all den Attraktionen zu stärken.

Zu den Besonderheiten zählt eine sechs Meter hohe Familien-Achterbahn. Jeweils dreimal absolvieren Mutige die rund 85 Meter lange Strecke mit einer Höchstgeschwindigkeit von 25 km/h. Mit wesentlich gemütlicheren acht bis zehn km/h rattert die Parkeisenbahn Emma durch den Freizeitpark.

Wo: Mühlenstraße 22b, 18569 Gingst
Infos: Tel. 038305/55055, www.ruegenpark.de
Highlights: Nachbau der sieben Weltwunder und der Insel Rügen, Familien-Achterbahn, Parkeisenbahn Emma

Der Erlebnis-Bauernhof Kliewe
Mursewiek

Raus aus den Federn und ab in den Stall. So sieht der perfekte Urlaubsmorgen für viele Kinder auf dem **Erlebnis-Bauernhof** der Familie Kliewe in Mursewiek aus. Zusammen mit Hofmitarbeitern versorgen die Landurlauber dann im Streichelzoo die Kaninchen, Meerschweinchen und Ziegen mit Wasser, Heu und frischem Grün von der Wiese. Während die Kinder Löwenzahn für den nächsten Tag pflücken, bereiten Urlaubsbetreuer das Frühstück zu. Die Geflügelspezialitäten und Eier stammen vom Hof, der Käse aus Bisdamitz auf Jasmund und Brötchen und Marmelade aus der Region. 80 Hektar Land gehören zum Erlebnis-Bauernhof, der sich am Rande des Nationalparks Vorpommersche Boddenlandschaft befindet. Auf den Wiesen schnattern Enten, Gänse und Hühner. Rinder und Schafe grasen nebenan auf der Weide. Erntemaschinen holen Strohballen ein.

In Pony Paulchens Reitschule können die Jüngsten ihren Ponyführerschein machen. Auch Ponyausritte durch den Inselwesten sind möglich.

Traktoren knattern über die Felder. Und die zusätzlichen Angebote auf dem Erlebnis-Bauernhof in Mursewiek reichen von A wie Ausritt mit dem Pony über T wie Traktorfahren bis eben Z wie Ziemlich-früh-Aufstehen.

Wo: Ortsteil Mursewiek 1, 18569 Ummanz
Infos: Tel. 038305/8130, www.bauernhof-kliewe.de
Highlights: Ponyführerschein in den Ferien, Mutter-Kind-Reitschule, große Kinderspielecke im Restaurant mit Blick auf den Streichelzoo

Eine Rundtour über die Insel
Mit dem Rad durch Ummanz

Fahrradtasche packen, Reifen, Bremse und Beleuchtung checken: Auf geht es zur Fahrradtour über die in sich selbst versunkene Insel Ummanz! Die Tour beginnt auf dem Erlebnis-Bauernhof Kliewe in **Mursewiek** (s. S. 146) im Westen der Insel Rügen. Wer kein eigenes Fahrrad mitgenommen hat, kann sich hier (so wie an vielen Stellen der Insel) eines ausleihen.

Erste Etappe ist der Ort **Waase** (s. S. 151) auf Ummanz, erreichbar über eine 250 Meter lange Brücke. Ein Leuchtturm auf der linken Seite weist den Weg zum Tret- und Angelbootverleih der Familie Holzerland. Auf der gegenüberliegenden Straßenseite befindet sich das Pfarrensemble mit der **Dorfkirche St. Marien**,

Der Leuchtturm in Waase bewacht den kleinen Hafen.

die für ihren Schnitzaltar aus Antwerpen berühmt ist. Sehenswert sind auch die **Alte Küsterei**, die jetzt als Informationszentrum genutzt wird und eine kleine Ausstellung zur Insel Rügen bereithält, und der Laden der einzigen Töpferei von Ummanz. Im reetgedeckten Stall des denkmalgeschützten Pfarrensembles verkauft Töpfermeisterin Susan

---

Start: Der Erlebnis-Bauernhof Kliewe im Westen Rügens
Infos: 25 km lang; Ummanz ist flach und bestens für Kinder und ungeübte Radler geeignet. Radwege sind prima ausgeschildert. Streckenweise teilen sich Radler die Wege mit Autos. www.ruegeninsel-ummanz.de
Highlights: Natur pur, Kraniche beobachten im Frühjahr und Herbst in Tankow, denkmalgeschütztes Pfarrensemble mit Töpferei in Waase
Tipp: Edelobstbrände aus einheimischen Obstsorten gibt es bei der Ersten Edeldestillerie Rügens, Lieschow 18, 18569 Ummanz, Tel. 038305/55300, www.1ste-edeldestillerie.de

Reetgedeckte Häuschen, davor hochgewachsene Stockrosen: ländliche Idylle in Waase, erste Station auf Ummanz.

Schmorell ihre leuchtend weißen, mit landschaftstypischen Motiven bemalten Produkte.

Durch den Ort Waase geht der Weg zunächst weiter Richtung Suhrendorf/Haide und biegt nach 900 Metern rechts nach **Tankow** ab. Ein Betonplattenweg führt dort zu einem hölzernen Beobachtungsturm, von dem aus man einen traumhaften Blick über den Nationalpark Vorpommersche Boddenlandschaft hat. Im Frühjahr und Herbst lassen sich hier Tausende Kraniche beobachten, wenn sie zu ihren Schlafplätzen in der Udarser Wiek fliegen. Immer weiter geht es Richtung Westen. Links und rechts des Weges grasen Kühe und Pferde, in der Ferne ist das Schnattern von Schwänen, Gänsen und Enten zu hören. Wer die asphaltierte Inselstraße erreicht hat, hat weitere 5,5 Kilometer zurückgelegt. Nächste Etappe ist der Ort **Haide**. Dort lohnt es sich, trotz des stärkeren Windes auf dem Deichradweg zu fahren. Der Blick auf den Schaproder Bodden und die Insel Hiddensee ist malerisch.

So erreicht man den Ort **Suhrendorf** (s. S. 152) mit seinem bewachten Naturbadestrand und dem Windsurfcenter. Wer Lust auf Baden, Surfen, Kitesurfen,

149 Mit dem Rad durch Ummanz

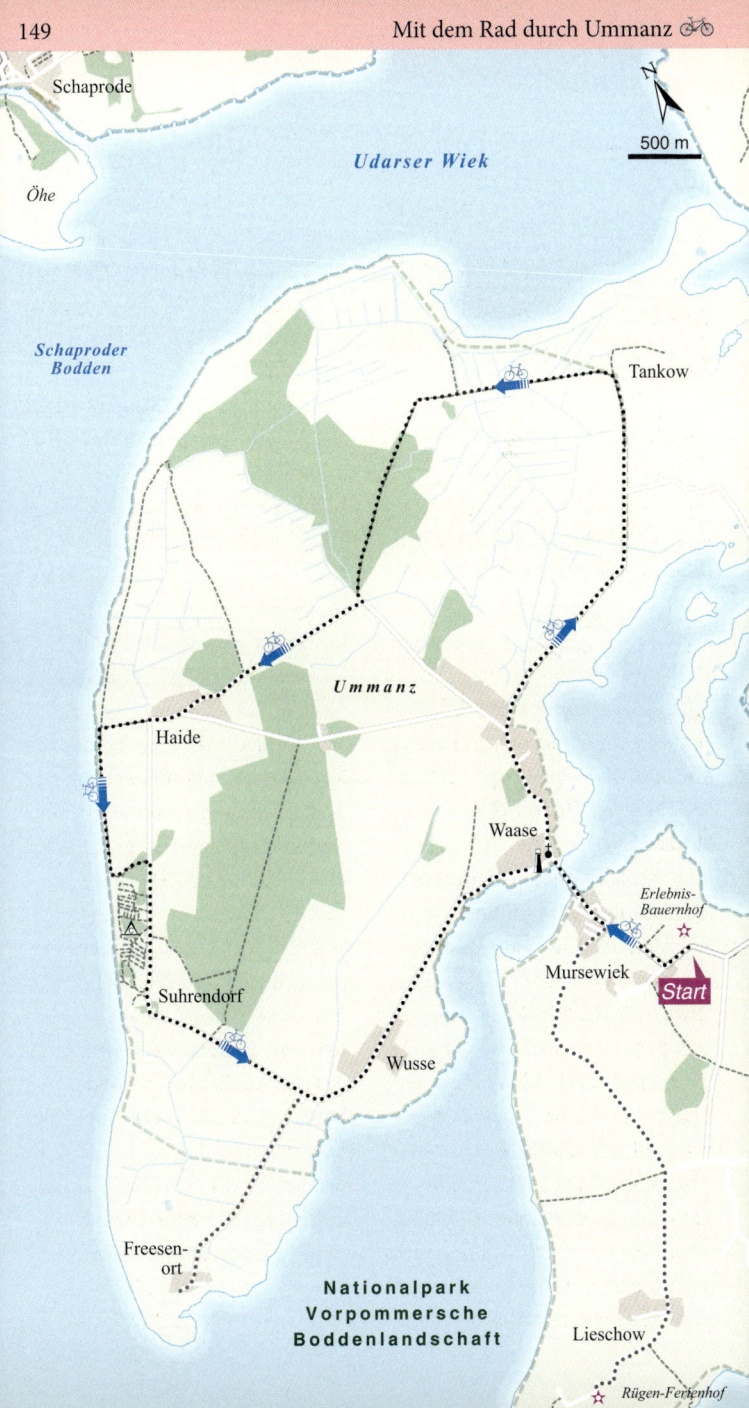

Die Inseln Rügen und Ummanz sind durch eine 250 Meter lange Brücke miteinander verbunden.

Stand Up Paddling oder Kanufahren hat, ist hier richtig. Von Suhrendorf fährt man weiter auf dem asphaltierten Weg in Richtung **Wusse**. Wer einen Abstecher machen möchte, sollte rechter Hand nach dem Hinweisschild **Freesenort** Ausschau halten. Das Dorf am südöstlichen Zipfel von Ummanz wurde bereits 1319 in Urkunden erwähnt und besteht aus vier reetgedeckten, denkmalgeschützten Fischer- und Bauernhäusern. Bekanntestes Gebäude ist die **Haasenburg**, ein Hallenhaus im Zuckerhutstil mit tief herabgezogenem Reetdach aus dem 17. Jahrhundert, das Wohnung, Stall und Scheune zugleich war. Ein 1,4 Kilometer langer Betonplattenweg führt vom Ort zurück auf die Inselstraße. Vom Abzweig Freesenort bis nach Waase sind es 2,5 Kilometer. Spätestens hier werden Radler auf den Wiesen die berühmten Ummanzer Haflinger entdecken. Die Milch der Stuten wird in der Rugard-Apotheke in Bergen zu Kosmetikprodukten verarbeitet. Rechter Hand fällt der Blick auf den Focker Strom und die schilfumsäumte Küste von Rügen. Die kleine Insel zwei Kilometer südlich von Ummanz ist die **Insel Heuwiese**. Das 14 Hektar große Eiland wurde früher als Viehweide genutzt und ist heute eine bedeutende Brutstätte für Küstenvögel. Nach dem Überqueren der Brücke führt ein asphaltierter Radweg nach rechts in Richtung **Halbinsel Lieschow**. Dort an der Westspitze befindet sich nicht nur die erste **Edeldestillerie** Rügens, sondern auch der Rügen-Ferienhof mit Spiel- und Reitmöglichkeiten für kleine und große Gäste. Der Bauernhof ist von drei Seiten von Wasser umgeben und ein idealer Ausgangspunkt für Ausritte hoch zu Ross. Von der Halbinsel Lieschow zum **Erlebnis-Bauernhof Kliewe**, dem Ausgangs- und Endpunkt der Tour, sind es noch etwa zwei Kilometer. Wer diese Tour hinter sich hat, kann stolz darauf sein, rund 25 Kilometer mit eigener Muskelkraft zurückgelegt zu haben.

Der Schatz von Ummanz
Waase

Kostbarstes Ausstellungsstück in der St.-Marien-Kirche in Waase ist ein spätgotischer Schnitzaltar aus dem Jahr 1520.

Hinter den dicken Backsteinmauern der **St.-Marien-Kirche** in Waase auf der Rügeninsel Ummanz verbirgt sich ein echter Schatz: ein gotischer Schnitzaltar, der 1520 in Antwerpen gefertigt wurde und ursprünglich für die Nikolaikirche in Stralsund gedacht war. Um 1700 verkauften ihn die hanseatischen Kaufleute für wenig Geld an Ummanz. Der filigran gearbeitete Altaraufsatz zeigt Szenen aus der Passionsgeschichte und dem Leben des Thomas Becket von Canterbury. Sehenswert in der um 1440 in dieser Form umgebauten Kirche sind auch die Wandmalereien aus dem 15. Jahrhundert.

Wo: Auf der Insel Ummanz im Westen der Insel Rügen
Infos: Informationseinrichtung Waase in der Alten Küsterei, Tel. 038300/68041 und 0173/2472717
Tipp: Fischrestaurant Holzerland Am Focker Strom mit hauseigener Räucherei, Am Focker Strom 17, 18569 Waase, www.ummanz-ruegen.de

Paradies für Windsurfer
Suhrendorf auf Ummanz

Dass **Suhrendorf** direkt am größten Stehrevier Deutschlands liegt, hat sich unter Surfern längst herumgesprochen. Hier treffen in den Sommermonaten Anfänger, Aufsteiger und Profis aufeinander. Das **Windsurfcenter Rügen** bietet eine breite Palette an Kite- und Windsurfkursen an. Und herrscht Flaute, dann ist eben Stand Up Paddling im Nationalpark Vorpommersche Boddenlandschaft angesagt. Für alle, die noch nie etwas von dieser Sportart gehört haben: Stand Up Paddling bedeutet so viel wie Stehpaddeln und kann in Suhrendorf binnen zwei Stunden erlernt werden. Piratenschiff, Kanonenkugelbahn, Kinderbaumhaus und noch vieles mehr hält das **Surfhostel** mit dem Tiki-Tuka-Land im Ortsteil Haide für die Jüngsten bereit. Dieses Abenteuerland befindet sich im Westen der Insel Ummanz – umgeben von Feldern und Wiesen in unmittelbarer Nähe zum Schaproder Bodden. Der nächste Nachbar ist weit entfernt, also dürfen begeisterte kleine Abenteurer auch mal etwas lauter sein. Montags, mittwochs und sonnabends steht zusätzlich Bogenschießen auf dem Plan. Und wer mal eine kleine Pause zwischendurch braucht, kann sich zum Ausruhen in eine Hängematte lümmeln. Im Baumhausrestaurant werden abends Salate, Tapas und Pizza aus dem Steinbackofen serviert.

Im Sommer treffen sich hier Surfer, Urlauber und Einheimische in lockerer Atmosphäre zum Plausch. Es gibt Musikabende, Lagerfeuerromantik und eine Natur, die man sich stiller und entspannender nicht denken kann. Eben ein Abenteuerland mitten auf einer Insel.

Wo: Windsurfing Rügen und Surfhostel, Suhrendorf 8, 18569 Suhrendorf
Infos: Tel. 038305/55018, www.surfen-auf-ruegen.de
Highlights: Pizza aus dem Steinbackofen auf der Baumhausterrasse essen, großer Abenteuerspielplatz für die Kinder, Südsee-Feeling am Schaproder Bodden

Wo die Kraniche rasten
Nationalpark Vorpommersche Boddenlandschaft

Die **Nationalparkregion Vorpommersche Boddenlandschaft**, zu der auch Rügens Schwesterinsel Ummanz und die im Westen vorgelagerte Insel Hiddensee gehören, ist einer der wichtigsten Orte für den Kranichzug. Jedes Jahr im Herbst legen die grauen Großvögel in der Rügen-Bock-Region nach langem Flug von den Brutgebieten in die südlichen Winterquartiere hier eine Rast ein. Während die Schreitvögel beim Frühjahrszug nur kurze Zeit in der Region verweilen, bleiben sie im Herbst bis in den November hinein. Bis Mitte des Monats rasten 60 000 bis 70 000 Kraniche in diesem Landstrich. „Die flachen Bodden in Küstennähe sind einzigartige Schlafplätze für die Mehrheit der ziehenden europäischen Kraniche", weiß der Rügener Tier- und Naturfotograf Rico Nestmann. „Das Naturschutzgebiet Spyker See und Mittelsee auf Jasmund und die Boddenufer bei Kammin und Lobkevitz auf Wittow sind besonders bevorzugte Schlafplätze." Die Rufe der Kraniche begleiten den Rügener auf seiner Heimatinsel seit der Kindheit. Seit einigen Jahren verfolgt er sie intensiv mit Kameras und Teleobjektiven. Mit seinen Fotos gibt er Betrachtern Gelegenheit, mit den „Vögeln des Glücks" über die Felder zu schreiten, im Abendrot zum Schlafplatz zu gleiten oder am frühen Morgen mit ihnen in einen neuen Tag zu starten.

„Wer sich einen letzten Hauch Romantik bewahrt hat, kann sich diesem gewaltigen Zauber des Kranichzuges nicht verschließen. Ziehende Kraniche, ein Segelboot

Wo: Im Westen der Insel Rügen
Infos: Informationseinrichtung Waase in der Alten Küsterei, Tel. 038300/68041 und 0173/2472717, www.nationalpark-vorpommersche-boddenlandschaft.de, Kranichfahrten ab Hafen Breege mit der Reederei Kipp, Tel. 038391/12306, www.reederei-kipp.de
Highlights: Kranichbeobachtung vom hölzernen Turm in Tankow auf Ummanz, Kranichfahrt durch den Breeger Bodden und den Großen Jasmunder Bodden

Kraniche am Abendhimmel. Im Frühjahr und im Herbst, wenn die majestätischen Vögel in der Rügen-Bock-Region eine Rast einlegen, können Besucher ein herrliches Naturschauspiel erleben.

und die Ostsee im Hintergrund – der Inbegriff von Freiheit und Sehnsucht", sagt auch Georg Rüting, Vorsitzender des Vereins zum Schutze und Erhalt des Kranichrastplatzes Rügen-Bock-Region e.V. Neben dem Seeadler ist der Kranich die Tierart, mit der sich Rico Nestmann am intensivsten beschäftigt. So ist der Wittower als Mitglied von Kranichschutz Deutschland auf Rügen für zwei Kranich-Schlafplätze als Zähler und Betreuer verantwortlich. Auf seiner Internetseite erfahren Kranichfreunde immer die aktuellsten Rastplatz-Zahlen in der Region. So wurden beispielsweise am 5. und 6. Oktober 2013 in diesem Gebiet 53 445 Kraniche gezählt. Wer den Kranichen ganz nah sein möchte, ohne sie zu stören, hat alljährlich im Herbst die Möglichkeit, Rico Nestmann auf Kranichfahrten durch den Breeger Bodden und/oder den Großen Jasmunder Bodden zu einem Schlafplatz in der Region zu begleiten. Bis zu 600 Meter nähert sich dann ein Fahrgastschiff der Reederei Kipp den geschützt liegenden Plätzen, die von bis zu 5000 Kranichen angesteuert werden.

Auf dem Sprung nach Hiddensee
Schaprode

Schaprode ist für viele das Tor nach Hiddensee, von hier starten mehrmals täglich die Fähren und Wassertaxis auf die Nachbarinsel. Der Ort mit seinen reetgedeckten Fischerkaten und den geschnitzten Haustüren war schon im Mittelalter Handelsplatz der Slawen. Bereits um 1200 wurde mit dem Bau der **St.-Johannes-Kirche** begonnen, die damit zu den ältesten Kirchen auf Rügen gehört. Die Triumphkreuzgruppe ist aus dem Jahr 1500, die restliche Innenausstattung wie Kanzel, Altar und Beichtstuhl stammt weitgehend aus dem Barock zu Anfang des 18. Jahrhunderts.

Am **Schaproder Hafen** steht das schwedenrote Haus der Familie Schilling, Hofladen und Gasthof in einem. Berühmte Gäste wie Stummfilmstar Asta Nielsen und Tänzerin Gret Palucca verweilten hier schon auf ihrer Durchreise nach Hiddensee und genossen von der Terrasse den Blick auf den Ort

Nur wenige Ruderschläge trennen die Insel Öhe (rechts) von Schaprode.

und hinüber auf die kleine private **Insel Öhe**. Familie Schilling lebt dort seit 2006, wie schon ihre Vorfahren seit mehr als 700 Jahren. Von ihrem Zuhause, einem Gutshaus mit Park und Fachwerkscheune aus dem 17. Jahrhundert, und dem Gasthof in Schaprode trennen sie nur wenige Ruderschläge. Mit dem historisch bedeutsamen Bau haben sie sich 2011 einen Traum erfüllt, die Gaststube renoviert, die Kachelöfen und Fotografien der durchreisenden Prominenten entstaubt und eine neue Speisekarte gezaubert.

Wo: Im Westen der Insel Rügen
Info: www.hafen-schaprode.de
Tipp: Regionale Produkte und Öhe-Burger in Schillings Gasthof, Hafenweg 45, 18569 Schaprode, Tel. 038309/1216, www.schillings-gasthof.de

Die Insel Hiddensee

Von vielen Ecken der Insel Hiddensee aus bieten sich malerische Blicke auf den 28 Meter hohen Leuchtturm Dornbusch.

„… dass es nur kein Weltbad werde!"
Ankommen auf Hiddensee

Es gibt diesen Moment, an dem die Fähre ablegt. Die Koffer und Taschen, die man vom Parkplatz in Schaprode oder Stralsund zum Hafen getragen hat, liegen auf dem unteren Deck, man steht an der Reling, hat den kühlen Ostseewind im Gesicht und lässt mehr zurück als nur das Festland. Wer nach Hiddensee übersetzt, betritt am Hafen von Neuendorf, Vitte oder Kloster eine andere Welt. Eine Welt, in der Meeresrauschen und Möwenrufe die vorherrschenden Geräusche sind, in der Pferdekutschen statt Autos fahren, eine Welt, in der Hektik auf wundersame Weise nicht zu existieren scheint. Und obwohl in der Hauptsaison bis zu 7000 Besucher täglich auf der Insel sind – bei knapp über 1000 Einwohnern –, findet noch jeder seine stillen Wege. Sei es auf den verschlungenen Pfaden der südlichen Dünenheide, zwischen Birkenwäldern und Heidekraut oder auf den Hügeln und Wiesen des nördlichen Dornbusches, unterhalb der Steilküste oder an den langen Stränden.

„Stille, stille, dass es nur kein Weltbad werde", flehte der Dichter

Wo: Westlich der Insel Rügen, nördlich von Stralsund
Infos: Mit dem Schiff ab Stralsund und Schaprode (von Frühjahr bis Herbst auch ab Zingst, Barth, Wiek und Dranske): Reederei Hiddensee, Tel. 03831/26810, www.reederei-hiddensee.de. Mit dem Schiff ab Ralswiek und Breege (Frühjahr bis Herbst): Reederei Kipp, Tel. 038391/12306, www.reederei-kipp.de
Highlight: Rügen und Hiddensee und die kleinen Inseln um die beiden Eilande herum von der Seeseite aus erleben
Anfahrt: Schaprode erreicht man mit dem Auto über die B 96 in Richtung Sassnitz, in Samtens links abbiegen in Richtung Gingst, 2,5 Kilometer hinter Gingst links nach Trent abbiegen, durch Trent nach Schaprode (große Parkplätze befinden sich am Ortsrand und am Hafen, mehrere kleine im Ort); per Zug bis Bergen und weiter mit Bussen der RPNV; mit dem eigenen Boot (Häfen in Neuendorf, Vitte und Kloster); Fortbewegungsmittel auf Hiddensee sind das Fahrrad, Pferdekutschen und der Inselbus

Die Insel Hiddensee ist ein verzauberter Ort. Täglich pendeln Schiffe und Wassertaxis zwischen dem „söten Länneken" und Rügen hin und her.

Gerhart Hauptmann, der von 1926 bis 1943 mit seiner Familie die Sommermonate in Kloster auf Rügen verbrachte. Doch obwohl schon längst kein Geheimtipp mehr, ist Hiddensee immer noch ein verzauberter Ort. Man kann sich streiten, in welcher Jahreszeit die knapp 20 Quadratkilometer große Insel, die an einigen Stellen nur wenige Hundert Meter breit ist, am schönsten ist. Im Frühling, wenn die Bäume zartgrün sind und die Wiesen voller Blüten; im Sommer, wenn der endlose Sandstrand voller Badegäste und Sandburgen ist; im Herbst, wenn der orangefarbene Sanddorn seinen Duft über die ganze Insel legt, oder im Winter, wenn es still ist auf den Wegen und man riskiert, bei starkem Schneefall die Insel nicht mehr verlassen zu können. Denn es gibt keine Brücke nach Hiddensee, auch keinen privaten Autoverkehr. Es ist nicht nur das Festland, das man zurücklässt, sondern auch einen großen Teil seiner Alltagssorgen. Man spürt die Natur auf besondere Weise und der würzige Wind klärt die Gedanken. Und das schon in dem Moment, in dem die Fähre ablegt.

Das kulturelle Zentrum der Insel
Kloster

Den Tagestouristen wird **Kloster** als der schönste Ort der Insel angepriesen. Auf jeden Fall findet man hier die meisten kulturellen Sehenswürdigkeiten. Der Name leitet sich von dem ehemaligen Zisterzienserkloster ab, das sich von 1296 bis 1536 in Hafennähe befand, von dem heute aber nur noch das alte Eingangstor steht.

Von 1332 stammt die **Inselkirche**, die von den Mönchen vor den Klosteranlagen gebaut wurde. Im 1780 neu gestalteten, einladend wirkenden Gotteshaus fanden die Fischer der Insel über Jahrhunderte Trost und Hoffnung. Über dem barocken Kanzelaltar hängt ein Taufengel mit Füllhorn, das Tonnengewölbe malte Nikolaus Niemeier um 1922 mit zarten Rosen aus. Weißgetüncht und ziegelgedeckt bewacht die Kirche den Friedhof. Bemooste Steine stehen entlang des Weges, man erkennt verwitterte Inschriften, weiter nördlich werden bis heute die Inselbewohner begraben. Die prominentesten Grabstellen gehören der Ausdruckstänzerin Gret Palucca (1902–1993) und Gerhart Hauptmann (1862–1946). Der Dichter und Literaturnobelpreisträger verbrachte hier zwischen 1926 und 1943 viele Sommer, sein **Haus Seedorn** am Ortsausgang ist im Originalzustand erhalten. Vor allem das Arbeitszimmer mit dem Schreibtisch des großen Schriftstellers ist eine Pilgerstätte für Kulturinteressierte aus aller Welt. Regelmäßig finden im **Gerhart-Hauptmann-Haus** und in der Kirche Lesungen und musikalische Veranstaltungen statt. Wenige Schritte weiter, in der ehemaligen Seenotrettungsstation,

Wo: Im Norden der Insel Hiddensee
Infos: Hafencenter Kloster, Hafenweg 15, 18565 Kloster, Tel. 038300/60654
Highlights: Besondere Stimmung, Inselkirche, Zuckerkuchen der Bäckerei Kasten, große Auswahl an antiquarischen Büchern über Hiddensee in der Inselbuchhandlung
Tipps: Gerhart-Hauptmann-Haus, Kirchweg 13, 18565 Kloster, Tel. 038300/397, www.hauptmannhaus.de; Heimatmuseum Hiddensee, Kirchweg 1, 18565 Kloster, Tel. 038300/363, www.heimatmuseum-hiddensee.de

Ein Haus mit Geschichte: Im Haus Seedorn in Kloster verbrachte Dichter und Nobelpreisträger Gerhart Hauptmann viele Sommer. Heute ist es Museum und Veranstaltungsort.

zeigt das **Heimatmuseum** neben einer Dauerausstellung über das Leben auf der Insel Bilder namhafter Künstler. Besondere Attraktion ist die Kopie des Hiddenseer Goldschatzes von 970 n. Chr., der 1872 und 1874 in Neuendorf angespült wurde.

Über all diese Attraktionen hinaus erlebt man die besondere Stimmung des Ortes beim Schlendern auf der Hauptstraße, dem **Kirchweg**. Buchläden, Souvenirshops, Cafés und Restaurants, all das unter hohen Kastanien. Und der Zuckerkuchen der Bäckerei Kasten, den man sich auf den Stühlen vor dem Laden mit Dutzenden von Spatzen teilen kann, hat schon fast Kultstatus. Zwischendurch führen immer wieder schmale Wege hinunter zum Hafen. Es herrscht Uneinigkeit darüber, ob die Fischbrötchen, die dort direkt vom Schiff verkauft werden, die besten der Insel sind. Aber wenn man dort sitzt, das würzige Aroma der Räucheröfen in der Nase, dann hat man die Idee, dass Kloster tatsächlich der schönste Ort der Insel ist.

Auf dem Dornbusch
Wanderung durch die Hügel

Viele der Inselgäste kommen immer wieder nach Hiddensee. Es ist gerade das Vertraute, das sie hierher zieht, das sich trotzdem im Wechsel der Jahreszeiten immer wieder neu darstellt. Das über 70 Meter hohe Hügelland im Norden der Insel gehört dazu. Von Kloster aus geht man am **Gerhart-Hauptmann-Haus** oder direkt neben der Bäckerei den leichten Anstieg auf die sogenannte Hucke hinauf. Zwischen hohen Bäumen kann man die **Lietzenburg** entdecken, jene einst vom Berliner Holzhändler und späteren Maler Oskar Kruse 1904 erbaute backsteinerne Jugendstilvilla mit ihren vielfältigen Formen, deren trapezförmigen Giebel man schon von Weitem sieht. Sie war der repräsentative Mittelpunkt einer ganzen Künstlerkolonie, Thomas Mann, Gerhart Hauptmann, die Puppenmutter und Schwägerin des Malers Käthe Kruse, Regisseur Max Reinhardt, Physiknobelpreisträger Albert Einstein und viele andere waren hier zu Gast. Seit Sommer 2013 kann man in der schön restaurierten, denkmalgeschützten Villa seine Ferien verbringen.

Ein paar Schritte weiter kommt man am **Kleinen Inselblick** vorbei, eine der vielen Gaststätten Hiddensees. Doch auch wenn diese eher abseits der Touristenströme liegt, empfiehlt sich selbst in der Nebensaison eine Reservierung, denn sie ist Restaurant, Antiquitäten- und Trödelladen in einem, und die Speisekarte ist voller leckerer Überraschungen. Weiter geht es über schmale sandige Pfade hügelauf, über Wiesen

Wo: Im Norden der Insel Hiddensee
Infos: Insel Information Hiddensee, Achtern Diek 18a, 18565 Vitte, Tel. 038300/608684 und 608685, www.seebad-hiddensee.de
Highlights: Aussicht vom Großen Inselblick, Hochuferweg, Leuchtturm
Tipps: Restaurant Zum kleinen Inselblick, Birkenweg 2, 18565 Hiddensee, Tel. 038300/68001; Gaststätte und Pension Zum Klausner, Im Dornbuschwald 1, 18565 Kloster, Tel. 038300/6610, www.klausner-hiddensee.de; Ferien auf der Lietzenburg unter www.lietzenburg.de

Wanderung durch die Hügel

Das Hügelland mit dem Leuchtturm Dornbusch und der kleinen Ortschaft Grieben wirkt aus der Vogelperspektive geradezu paradiesisch.

voller Ginster und Königskerzen, zwischen Wildrosen- und Sanddornsträuchern hindurch. Und dann wird man auf der höchstgelegenen Wiese mit dem **Großen Inselblick** – nomen est omen – belohnt. Bis hinunter zum südlichen Neuendorf kann man schauen, links der Bodden und Rügen, rechts die offene Ostsee, man atmet die Weite und Ruhe dieses Landes.

Das Waldstück hinter der Senke, in der unzählige Vögel und Grillen zwischen den Pflanzen die Begleitmusik zu dieser Aussicht beisteuern, ist der **Hexenberg**, und er trägt seinen Namen zu Recht. Plötzlich ist es ganz still, nur das Knarren der Bäume ist zu hören, die der Wind aneinanderreibt. Oder ist es doch das Lachen einer Hexe? Umgestürzte Bäume liegen hier und vermodern, die Wege sind kaum zu erkennen zwischen den niedrigen Büschen, im Winter sieht man die Fährten von Rehen, Wildschweinen und Füchsen und auch mal ein paar Blutspuren. Nach wenigen Hundert Metern hat man den **Hochuferweg** erreicht. Parallel zur

Wanderer im Hügelland am Dornbusch.

Steilküste verläuft er zwischen den Bäumen, die jetzt niedriger sind, knorrig und vom Wind geduckt. Immer wieder laden Aussichtsstellen ein, den Blick auf die Weite der Ostsee zu genießen, die je nach Wetterlage ruhig und glatt ist, oder voller weißer Gischt, bleigrau oder leuchtend türkis. Es geht weiter, zwischen Meer und Wald, oberhalb der Steilküste, die jedes Jahr mehr von Wind und Wellen bedroht ist. Teile des Weges sind bereits gesperrt, Hinweistafeln der Inselverwaltung weisen auf die Gefahr von Erdrutschen hin. Dann erreicht man den **Klausner**, die höchstgelegene Gaststätte der Insel. Kleine Holzhäuser stehen auf der mit Tannennadeln übersäten Lichtung, eine steile Treppe mit schiefen Stufen führt hinunter zum Strand. Nicht weit von hier ist der **Leuchtturm Dornbusch** im Norden zu sehen. Er steht auf 72 Metern Höhe, 102 Stufen führen auf den 28 Meter hohen Turm hinauf. Damit es dort oben nicht zu eng wird, dürfen nur maximal 15 Besucher gleichzeitig den seit 1888 leuchtenden Turm besteigen. Besonders empfiehlt sich der Weg nach Einbruch der Dunkelheit. Nicht nur, weil die Wanderung über die unbeleuchteten Wege, durch den knisternden, rauschenden Wald ein Abenteuer ist, das Kleine wie Große immer wieder wohlig schauern lässt. Wie eine riesige Kuppel drehen sich die bis zum Horizont reichenden Lichtstrahlen in der Dunkelheit, dazwischen blitzen bei wolkenlosem Himmel unzählige Sterne. Jetzt für einen Moment in das Gras legen und nur nach oben schauen. In diese Kuppel hinein, den Wind über dem Gesicht spüren und das leise Rauschen der sich drehenden Mechanik des Leuchtturms in den Ohren. Nach wenigen Schritten durch den Wald führt ein Plattenweg wieder hinunter nach Kloster, vorbei an grasenden Kühen und Pferden, die auf reitlustige Gäste warten. Die Weiden an dem kleinen Tümpel kurz vor der Inselkirche sehen aus wie Geister. Oder Tiere? Es gibt immer wieder etwas Neues zu entdecken.

Immer den Leuchtturm im Blick
Von Grieben zum Enddorn

Nur knapp einen Kilometer ist es von Kloster nach **Grieben**, dem nördlichsten der vier Orte Hiddensees. Er ist der älteste und der kleinste. Und der stillste, ohne touristische Attraktionen. Nur wenige Menschen trifft man auf der einzigen Straße, die zwischen den niedrigen strohgedeckten Häusern hindurchführt. Doch gerade das macht den besonderen Charme aus. In den Vorgärten stehen Vogelscheuchen, es gibt einen kleinen Lebensmittelladen, davor einen Spielplatz mit grob geschnitzten Holzfiguren, der Inselbus endet hier. Wer in Grieben spazieren geht, erblickt fast von jeder Stelle aus den Leuchtturm über den Hügeln, und immer sieht er anders aus. Leuchtend weiß vor bedrohlich dunklem Himmel, wenn ein Sommergewitter naht, kaum auszumachen im herbstlichen Dunst, unendlich idyllisch, wenn im Frühling die Wiesen voller Blumen und Schafe sind.

Eine Schutzhütte auf dem Sandhaken Alter Bessin.

Nur noch ein kleines Stück ist es von Grieben aus den Weg am Bodden entlang, vorbei an dichtem Schilf und knorrigen Weiden – bis zum **Enddorn**, der nördlichsten Spitze Hiddensees. Der Strand hier ist übersät mit Feuersteinen, im Wasser glänzen schwarz die runden Findlinge, weiter draußen schwimmen Schwäne. Links ragt hoch die Kante der westlichen Steilküste auf. In den abgebrochenen Lehmwänden haben Uferschwalben ihre höhlenartigen Nester gebaut, Touristen suchen nach Hühnergöttern und Bernstein. Doch der

Wo: Ganz im Norden Hiddensees
Tipp: Fischsuppe im Gasthaus Zum Enddorn, Dorfstraße 8, 18565 Grieben, Tel. 038300/60833

Eine Kultstätte auf Hiddensee: das Gasthaus Zum Enddorn in Grieben.

Weg ist nicht ungefährlich, bei Regen oder Tauwetter drohen immer wieder Erdrutsche.

Zur anderen Seite ist der Strand weit und flach. Hier erstreckt sich der **Bessin**, der historisch jüngste Teil der Insel, entstanden im Osten durch angelagerten Sand und Sedimente. Nur ein kleiner Teil davon ist zugänglich, denn die Doppelhalbinsel gehört zum **Nationalpark Vorpommersche Boddenlandschaft** (s. S. 153), hier befinden sich die Brutstätten zahlreicher See- und Zugvögel. Nach dem Enddorn ist auch die Gaststätte in Grieben benannt. Es gibt ein Hotel und die alte gemütliche Fischerkneipe mit vier kleinen Stuben, unzähligen Bildern und maritimem Schnickschnack. Das gestreifte T-Shirt des Inhabers ist legendär. Neben vielen anderen reichhaltigen Gerichten aus fangfrischem Ostseefisch lohnt allein schon die Fischsuppe den Weg hierher. Eine Attraktion der anderen Art eben.

Karusel und Blaue Scheune
Vitte

Im Hafen schaukeln Fischerboote. Stündlich machen hier im Sommer Fähren aus Schaprode, Stralsund, Wiek, Dranske und Breege fest, Touristen, Tagesgäste und ein paar Einheimische strömen über die Hafenwege und verteilen sich im Ort. **Vitte** ist die „Hauptstadt" Hiddensees, hier haben die Kurverwaltung und das Rathaus ihren Sitz.

Das Nationalparkhaus in Vitte zeigt eine Ausstellung zu Flora und Fauna Hiddensees.

Wenige Schritte vom Hafen Richtung Norden steht ein eher inseluntypisches kleines Haus. Achteckig ist es, blau-weiß gestrichen, die Dachlinie verspielt geschwungen – das **Karusel**. In diesem Häuschen verbrachte bis 1933 der dänische Stummfilmstar Asta Nielsen seine Sommerferien und scharte zahlreiche Künstler wie Joachim Ringelnatz um sich – so wie zur gleichen Zeit Gerhart Hauptmann im Haus Seedorn und die Kruses in der Lietzenburg. Ein paar Schritte weiter befindet sich am nördlichen Ortsrand das **Nationalparkhaus**. Hier wird in Ausstellungen und bei Vorträgen nicht nur die Flora und Fauna des Eilandes erlebbar, das Gebäude ist auch Ausgangspunkt naturkundlicher Wanderungen.

Wo: In der Inselmitte
Infos: Insel Information Hiddensee, Achtern Diek 18a, 18565 Vitte, Tel. 038300/608684 und 608685, www.seebad-hiddensee.de
Highlights: Karusel, Blaue Scheune, Hexenhaus, Bernsteinwerkstatt, abends mit Einheimischen im Restaurant Godewind plaudern
Tipps: Nationalparkhaus, Norderende 2, 18565 Vitte, Tel. 038300/68041, www.nationalpark-vorpommersche-boddenlandschaft.de; Zeltkino Vitte, Achtern Diek 21, 18565 Vitte, Inselinformation Hiddensee, Tel. 038300/608684

Die Insel Hiddensee

In der Blauen Scheune in Vitte trafen sich früher die Malerinnen des Hiddenseer Künstlerbundes.

Nur der Deich trennt die Besucher vom breiten Sandstrand. Häufig trifft man hier Menschen in gebückter Haltung, die mit Strandholz im Seegras oder zwischen Steinen stochern: Bernsteinsucher. Im Ortskern von Vitte gibt es eine Bernsteinwerkstatt, die das Gold des Meeres verarbeitet.
Das zweitälteste erhaltene Wohngebäude der Insel ist das sogenannte **Hexenhaus**. Der aus der Mitte des 18. Jahrhunderts stammende kleine, weiße Bau mit dem tiefen Strohdach befindet sich im Süderende und kann zu besonderen Anlässen besichtigt werden. Das älteste erhaltene Haus stammt übrigens aus dem Jahr 1750 und befindet sich auf einem Hinterhof nahe am Hafen von Vitte.
Beliebtes Fotomotiv im Ortskern von Vitte ist die **Blaue Scheune**, die 1920 von der Malerin Henni Lehmann gekauft und mit dem auffälligen Farbanstrich versehen wurde. Hier im Rauchkaten aus dem Anfang des 19. Jahrhunderts trafen sich früher die Malerinnen des Hiddenseer Künstlerbundes. Seit den 1950er-Jahren ist das Haus im Besitz des aus Dresden stammenden Malers Günter Fink. Im Sommer ist es jeweils mittwochs und sonntags für Besucher geöffnet.
Beim Heimweg Richtung Hafen fällt das grüne Zelt auf, in dem das neue **Zeltkino** sein Programm präsentiert. Modern sind nicht nur die Außenhülle und die technische Ausstattung, auch das Programm ist zeitgemäß – und natürlich ein bisschen dem Inselpublikum angepasst. Die deutschen Filme „Sushi in Suhl" und „Die Ostsee von oben" sind Streifen, die auf der Wunschliste von Besuchern im Jahr 2013 standen, außerdem der auf Hiddensee gedrehte Thriller „Du hast es versprochen" oder der Klassiker „Lütt Matten und die weiße Muschel" von 1964. Darüber hinaus dient das Zeltkino ebenfalls als Bühne und Treffpunkt für Musiker, Schauspieler, Regisseure.

Seebühne Hiddensee
Das Figurentheater

Das flache Gebäude der **Seebühne Hiddensee** steht unweit des Vitter Hafens, bunte Plakate vor dem Eingang wecken Neugier auf das Figurentheater. Wenn der Puppenspieler Karl Huck die Bühne betritt, verwandelt er sich vor den Augen des Publikums, ist Faust und Mephisto zugleich, ist Robinson und Freitag, John Silver und King Kong. Und was vorher ein Stück Holz, eine Marionette oder auch nur ein Kopf, verwandelt sich mit ihm, wird lebendig, spielt mit Huck gemeinsam. Etwa eine Stunde dauern die Aufführungen von Klassikern, Märchen, Film- und Romanadaptionen, die Karl Huck mit verschiedenen Regisseuren inszeniert. Immer gibt es einen Bezug zum Meer, und immer gibt es liebevolle ironische Anspielungen auf Hiddensee. Weit über die Grenzen der Insel hinaus ist die Seebühne bekannt, Gastspiele führen sie durch ganz Deutschland und in den Rest der Welt, mehrere Auszeichnungen hat sie bereits erhalten, namhafte Künstler wirken gern bei den Inszenierungen mit.

Zum 15-jährigen Bestehen der Seebühne Hiddensee haben sich Huck und sein Team mit dem neu errichteten Gebäude „Homunkulus" einen Traum erfüllt. Nur ein paar Schritte von der alten Seebühne entfernt steht der Bau, architektonisch eine Besonderheit durch die Verkleidung mit Lärchenholz-Latten. Nun finden auch dort regelmäßig Aufführungen und Konzerte statt. Doch in erster Linie ist es das Zuhause für die über 1000 künstlerisch gestalteten Puppen und Figuren, die Karl Huck auf seiner Bühne zum Leben erweckte, sie sprechen ließ, mit ihnen lachte und litt.

Wo: In der Inselmitte Hiddensees
Infos: Seebühne Hiddensee, Wallberg 2, 18565 Vitte, Tel. 038300/60593, www.theater.hiddenseebuehne.de
Highlights: Besondere Atmosphäre im Figurentheater, Homunkulus-Figurensammlung

Das Fischerdorf am Gellen
Nach Neuendorf

Drei Wege gibt es, um ins kleine **Fischerdorf Neuendorf** zu kommen. Wer mit der Fähre aus Stralsund anreist, landet zuerst im kleinen Hafen des südlichsten Ortes der Insel. Es ist immer wieder erstaunlich, wie es das gewaltige Schiff schafft, in dem engen Becken zu wenden. Nachdem die Touristen sich zerstreut haben, ist es wieder still. Nur am nahegelegenen Gasthaus Zum Süder sitzen noch Gäste. Manche sagen, die besten Fischbrötchen der Insel gibt es dort, mit dem Blick aufs Wasser, auf dem nur wenige Boote liegen, und auf den langgezogenen Deich, der sich Richtung Norden in der Heide verliert. Das ist der zweite Weg: Zwischen Neuendorf und dem fünf Kilometer nordwärts gelegenen Vitte befindet sich die Sandheide. Sanfte Hügel, teils mit sandigen Dünen, teils eng mit

Der Hafen von Neuendorf, der südlichste Ort auf Hiddensee.

Heidekraut bewachsen, gesäumt von Wäldchen mit weißglänzenden Birken oder windgebeugten Kiefern. Sie ist Naturschutzgebiet, enge Pfade führen kreuz und quer durch die Sträucher und Wiesen. Im Sommer liegen Ringelnattern oder Kreuzottern auf den Wegen. Kein Laut ist sonst zu hören als das Rauschen der Bäume und das Zwitschern der auffliegenden Vögel. Selbst das Meer scheint weit weg, hinter den Kiefern. Doch im-

Wo: Im Süden der Insel Hiddensee
Infos: Insel Information Hiddensee, Achtern Diek 18a, 18565 Vitte, Tel. 038300/608684 und 608685, www.seebad-hiddensee.de
Highlights: Heide zwischen Vitte und Neuendorf, Fischereimuseum, Leuchtfeuer Gellen
Tipp: Fischbrötchen im Gasthaus Zum Süder, Am Bollwerk 1, 18565 Neuendorf

mer wieder führen Wege über den Deich hinunter an den Strand. Diesen entlangzulaufen, ist die dritte Möglichkeit. Weit erstreckt sich der Blick, gelegentlich begegnet man Joggern, Familien mit herumtollenden Kindern oder aufgeregten Hunden. Man grüßt sich im Vorübergehen. Ist der Strand im Norden der Insel eher steinig, findet man im Süden mehr Muscheln. Der Wind weht vom Meer her, Strandläufer wie der Sanderling und einige Möwen trippeln durch das flache Wasser. Der Kopf wird frei und leicht bei diesen Spaziergängen.

Kommt man in den Ort Neuendorf, sieht man die Häuser in einer Reihe auf der Wiese stehen, Leinen mit flatternder Bettwäsche dazwischen. Es gibt in großen Teilen des Ortes keine angelegten Straßen, die Adressen heißen Schaulbarg, Schabernack oder Pluderbarg. Man spürt die Atmosphäre des einstigen Fischerdorfes, und das **Fischereimuseum** (s. S. 172) am Ortseingang wirkt, als sei es immer schon da gewesen.

Wer den Strand noch weiter nach Süden oder über die mit Stroh belegten Wege durch das Waldstück läuft, gelangt zum **Gellen**. Das nur 12 Meter hohe gleichnamige Quer-

Das Leuchtfeuer Gellen mit seiner roten Galerie und dem kegelförmigen Dach ist seit 1907 im Dauerbetrieb und markiert die nördliche Einfahrt zum Gellenstrom.

markenfeuer mit seiner roten Galerie und Dach, erbaut 1905, markiert mit seinem Natursteinsockel im Dünensand die nördliche Einfahrt zum Gellenstrom. Viel weiter südlich kommt man dann auch nicht, denn der Gellen ist, wie der Bessin im Norden, Vogelschutzgebiet als Teil des Nationalparks Vorpommersche Boddenlandschaft. Also führt der Weg zurück nach Neuendorf, diesmal von Süden her. Und das wäre dann die vierte Möglichkeit.

Zu Besuch im Lüttpartie-Schuppen
Die Fischer vom Länneken

In einem ehemaligen Reusenschuppen am Ortseingang von Neuendorf erfahren Gäste, wie hart das Leben der Fischer auf der Insel war und ist. Auf Initiative von Hiddenseer Fischern wurde das nicht mehr genutzte schlichte Ziegelgebäude ausgebaut. Die sturmerprobten Männer, die die Betreuung ihrer kleinen Ausstellung im Lüttpartie-Schuppen selbst in der Hand haben, freuen sich über jeden Besucher. Von Mai bis Oktober zeigen sie Inselgästen ehrenamtlich das etwa 90 Quadratmeter große Gebäude. Die Fischer lieben ihre Insel und ihren Beruf. Mit Begeisterung erzählen sie von den Tagen, als es noch 56 Kollegen in Neuendorf gab. Das war vor der Wende und der Kürzung der Fangquoten. Heute sind es noch fünf, auf ganz Hiddensee etwa 20. In aller Herrgottsfrühe geht die Fischerei los. Ein Knochenjob. „Früher war die Landwirtschaft unser zweites Standbein. In Vitte gab es um 1966 die kleinste moderne Molkerei Europas. Über Nacht erfolgte die Enteignung", erinnert sich der Insulaner Günther Siebler. „Durch den FDGB, den Gewerkschaftsbund in der DDR, bekamen wir Gäste zugewiesen. Zwischen 1,80 und 3,20 Mark gab es für ein Bett. Alle wollten an die See."

Das hat sich nicht geändert. Siebler zeigt auf alte Fotos und Exponate, erklärt Fanggeräte. Die Besucher sind begeistert. Es ist die Authentizität des Ortes, die Vielzahl der Objekte, die hier fast zusammengeworfen sind, bis hin zu Bildern, die auf dem Boden stehen, Seilrollen, Netze – so, wie es vielleicht mal in einem Schuppen aussah.

Im Lüttpartie-Schuppen kann man sich über die Geschichte der Fischerei informieren.

Wo: Im Hiddenseer Süden
Infos: Pluderbarg 7, 18565 Neuendorf, Tel. 038300/68041; Insel Information, Achtern Diek 18a, 18565 Vitte, Tel. 038300/608684 und 608685

Auf den Spuren von Joachim Ringelnatz
Mit Ute über Hiddensee

„Er war kein Rezitator im eigentlichen Sinne des Wortes. Aber die Stimmung, die seine Person ausstrahlte, und das verschleierte, eintönige Organ, das in sonderbarem, singendem Rhythmus seine genialen Verse aufsagte, waren von solcher Wirkung, dass sie die Zuhörer – wohlgemerkt diejenigen, die ihn verstanden – in Ekstase versetzten." So beschreibt die dänische Stummfilm-Diva Asta Nielsen den Schriftsteller, Maler und Kabarettisten Joachim Ringelnatz (1883–1934). Drei Wochen verweilte Ringelnatz, mit bürgerlichem Namen Hans Gustav Bötticher, 1929 in Nielsens Haus Karusel in Vitte auf der Insel Hiddensee. „In Astas Tagebuch sind diese Tage aufgezeichnet und die Heiterkeit vieler Stunden", weiß Renate Seydel, Inhaberin der Buchhandlung Koralle in Vitte und Herausgeberin einer Asta-Nielsen-Biografie.

Auf die Spuren des brillanten Schriftstellers, der vor allem für seine humoristischen Gedichte um die Kunstfigur Kuttel Daddeldu bekannt ist, können sich Gäste heute mit Verlegerin und Autorin Ute Fritsch begeben. Treffpunkt ist am Hotel Dornbusch in Kloster. „Das war das Künstler-Hotel der 1920er-Jahre für Berliner Künstler und Intellektuelle. Dort saß Ringelnatz schon am Vormittag zum Trinken auf der Terrasse", sagt die Germanistin, die kürzlich ein Buch über ihn veröffentlicht hat. Am Strand liest sie mit Blick auf die frühere Seenotrettungsstation (das heutige Heimatmuseum) Gedichte vor – beispielsweise „Seemannsgedanken über das Ersaufen" und „Die Landpartie der Tiere". An seinem Lieblingshaus auf Hiddensee – ein blaues Holzhaus hinter der Düne in Vitt, das einst der Malerin Helene Herveling gehörte – lädt Ute Fritsch ihre Gäste zu einem Sanddornschnaps ein. Dabei klärt sie die Zuhörer auf: „Ein Schnäpschen gibt es hier immer, weil Ringelnatz bei seinen Auftritten auch stets eines forderte."

Wo: Start der Führung ist in Kloster
Infos: Tel. 0170/4125277, www.kuenstlerinsel-hiddensee.de

Über „dat söte Länneken"
Radtour-Rundfahrt Hiddensee

Hiddensee ist Radlerland. Nicht nur, weil dort private Kraftfahrzeuge verboten sind, sondern auch, weil zwar der Wind häufig stark vom Meer her weht, aber die Wege ansonsten weit und flach sind – und seit Kurzem fast komplett gepflastert. Auch die Einheimischen fahren natürlich Rad, oft mit Anhängern, in denen vom Kind bis zum Baumaterial alles transportiert wird. Viele mittlerweile mit Elektromotor, man grüßt sich im Vorbeifahren. Für Touristen gibt es in allen Orten Fahrradverleihe, die meisten in Hafennähe, auch viele der Privatvermieter halten für ihre Gäste Räder bereit. Eigentlich braucht es keine Empfehlung für eine Route, auch eine Karte ist nicht erforderlich. Die langgezogene schmale Insel kennt nur zwei Richtungen: nach Norden, ins Hügelland, oder nach Süden, durch die Heide zum Gellen. Wer alles sehen möchte, für den könnte die Fahrt über „dat söte Länneken", wie die Insel auf Platt genannt wird, in **Vitte** (s. S. 167) beginnen, im zentral gelegenen größten Ort. Vom Hafen aus geht es rechts auf den Radwanderweg am Vitter Bodden entlang nach Kloster. Linker Hand erstrecken sich große Wiesen, auf denen Pferde und Schafe grasen und Hunderte Graugänse ihre kehligen Rufe erklingen lassen, rechts breitet sich die Boddenlandschaft aus. Man kann Rügen sehen. Nach knapp zwei Kilometern ist der Ort **Kloster** (s. S. 160) erreicht.

Start: In Vitte auf Hiddensee
Infos: Die Tour ist rund 30 Kilometer lang. Bis Kloster gibt es keine Anstiege. Die Wege sind meist asphaltiert oder gepflastert. Der Abstecher zum Leuchtturm Gellen ist nur für geübte Radfahrer empfehlenswert. Die Strecke von Kloster nach Neuendorf ist für Familien geeignet. In allen Inselorten gibt es Fahrradverleihe. Inselinformation Hiddensee, Achtern Diek 18a, 18565 Vitte, Tel. 038300/608684 und 608685, www.seebad-hiddensee.de
Highlights: Sehr abwechslungsreiche Landschaft, kein privater Autoverkehr, man hat das Wasser fast immer im Blick

Der Name wurde vom ehemaligen Zisterzienserkloster abgeleitet, das sich einst in Hafennähe befand. Hinter dem Hotel Hitthim mit der großen Fachwerkfassade biegt der Weg nach links ab, in Richtung der Kirche im Ortsinneren. Dort sind einige Straßen noch ungepflastert, manchmal auch schlammig. Vorbei an Scheunen und dem Inselmarkt öffnet sich an der Kreuzung der Blick auf die Hügel, der Leuchtturm ist zu sehen. **Dornbusch** heißt der nördliche Inselteil, auf den Wiesen stehen Kühe und Schafe zwischen Ginster und natürlich den dornigen Sanddornbüschen. Nach einigen Hundert Metern hinauf Richtung Leuchtturm muss man seinen Drahtesel auf einem der Fahrradparkplätze stehen lassen. Nicht nur, weil der Weg zu steil wird, sondern hauptsächlich, weil der etwa 1,5 Kilometer entfernte Leuchtturm Dornbusch nur zu Fuß erreichbar ist. Er befindet sich auf der höchsten Erhebung der Insel – auf dem 72,5 Meter hohen **Bakenberg**. Der Blick von dort oben reicht über die Insel Hiddensee bis nach Rügen und Stralsund, bei klarem Wetter sieht man auch die dänische Insel Møn. Zurück am Parkplatz rollt es sich leicht den Plattenweg hinunter bis zur gerade passierten Kreuzung, an der sich ein Abstecher links nach **Grieben** (s. S. 165) lohnt.

Ein Kilometer ist es zu diesem kleinsten und ältesten Ort der Insel, begleitet von immer wieder neuen Ausblicken auf die Hügel zur Linken, mit dem Leuchtturm vor dem graublauen Himmel und dem dichten Schilf entlang des Boddens zur Rechten. Hier bietet sich eine Pause im Gasthaus Zum Enddorn an. Wer den äußersten Norden erreichen möchte, fährt einfach weiter geradeaus. Nach einem weiteren Kilometer geht der Plattenweg in einen Wiesenpfad über. Auf einer Lichtung zwischen den Büschen findet sich der letzte Fahrradparkplatz, und dann öffnet sich am **Enddorn** flach und weit das Meer. Hier ist die nördlichste Spitze der Insel, der Strand ist steinig und voller Treibgut. Auf demselben Weg geht es zurück nach **Kloster**. Der Weg führt uns vorbei an der freundlichen weißen Inselkirche auf der rechten Seite, zwischen Souvenirläden und Cafés auch zum **Gerhart-Hauptmann-Haus** (unbedingt ansehen!) und mit einer weichen Linkskurve auf den gut ausgebauten Weg nach Vitte.

Der Blick vom Leuchtturm Dornbusch reicht weit über die Ostsee nach Rügen, die 102 Stufen zur Aussichtsplattform lohnen sich auf jeden Fall. Nur ab Windstärke 6 bleibt der Turm aus Sicherheitsgründen geschlossen.

Parallel zum Ostseestrand verläuft die Straße, die sich die Radfahrer mit Fußgängern und Pferdekutschen teilen, ab und zu fährt der Inselbus vorbei. Wer den Meerwind nicht scheut, biegt an der großen geduckten Kiefer auf den Deichweg ab und genießt beim Fahren den Blick auf die schäumende, glitzernde Ostsee zur Rechten.

In **Vitte** führt die Inselstraße Richtung Süden über etwas mehr als fünf Kilometer nach Neuendorf. Der Weg ist eben und durchquert das Naturschutzgebiet Dünenheide. Birkenwälder rechts und links, vorbei an der Gaststätte Heiderose. Von hier aus lohnt ein Spaziergang in die violett blühende Heidelandschaft mit den Sanddünen und dem Zwitschern der Lerchen. Dann kommt **Neuendorf** (s. S. 170) in Sicht – ein altes Fischerdorf mit weiß gekalkten Häusern ohne Zäune auf den Wiesen. Um die Gebäude winden sich Trampelpfade. Auf der rechten Seite befindet sich in Strand-

Auf Hiddensee ist privater Autoverkehr verboten: ideal für Radfahrer wie hier bei Grieben. Die Wege sind meist flach und mittlerweile fast alle gepflastert oder asphaltiert.

nähe ein großer Kinderspielplatz. Gut 300 Meter weiter folgt ein Reusenschuppen, der ein **Fischereimuseum** beherbergt.
Wer sich für Leuchttürme interessiert, sollte von Neuendorf noch weiter nach Süden fahren. Der rote Wegweiser vor dem Museum ist nicht zu übersehen und viele „Straßen" gibt es ohnehin nicht. Nach etwa drei Kilometern durch das duftende Kiefernwäldchen ist man am nur etwa zwölf Meter hohen **Süderleuchtturm**, der sich an den Deich schmiegt und als Signal für das Fahrwasser Gellenstrom dient. Noch ein Stück weiter südlich beginnt das nicht für die Öffentlichkeit zugängliche Vogelschutzgebiet auf dem **Gellen**, also geht die Fahrt zurück nach Neuendorf. Dort mit einem kleinen Abstecher nach rechts zum Hafen, um sich im Süder bei einem Fischbrötchen und einem Stralsunder Bier zu stärken, und dann wieder auf den Pflasterweg durch die Heide nach Vitte. Mit dem Wind in den Haaren und einem freundlichen Nicken für entgegenkommende Radfahrer. Man gehört jetzt zur Insel.

Danksagung

Meine Liebe und mein Dank gilt folgenden Menschen:
Stefan Hasselmann, weil er in seiner Weimarer Wohnung und im Kaffeehaus unermüdlich Texte las und mich dazu ermutigt hat, persönlicher zu schreiben.
Meiner Familie: Ralf, Emma, Maria und Emil für die vielen schönen Entdeckungstouren auf der Insel und dem Verständnis auf der Schlussgeraden.
Meinen Eltern Regina und Helmut Kootz.
Meinen Kollegen von der schreibenden Zunft, die mir im Laufe der vergangenen Jahre die Möglichkeit gegeben haben, mich zu entfalten.
Den Menschen, die hier leben, für schöne Gespräche und das Gefühl, zuhause zu sein.

Service von A–Z

Hier finden Sie einige wichtige Adressen und Informationen auf einen Blick.

Anfahrt
Mit dem Auto:
Von Westen kommen Sie über die A 1 Richtung Hamburg bis Lübeck und weiter auf der A 20 und den Rügenzubringer bis Stralsund. Über die neue Rügenbrücke und den alten Rügendamm (öffnet sich mehrmals täglich für den Schiffsverkehr) erreichen Sie Rügen.

Aus südlicher Richtung geht es über die A 9 über Nürnberg nach Berlin, dann auf die A 19 bis nach Rostock und dann weiter auf der A 20. Eine gute Alternative zur Rügenbrücke ist die Autofähre Stahlbrode/Glewitz, die von April bis Oktober täglich im Pendelverkehr unterwegs ist.

Mit der Bahn:
Die Bahnhöfe Bergen und Binz sind direkt mit dem IC aus Dresden, Koblenz und Frankfurt (Main) erreichbar. Zwischen Stralsund, Bergen, Binz und Sassnitz fahren Regionalbahnen im Stundentakt. In Bergen gibt es Anschlusszüge nach Putbus und Lauterbach.

ÖPNV:
Auf der ganzen Insel verkehren Busse des Rügener Personennahverkehrs GmbH (RPNV). Tourenplaner geben Auskunft und Ausflugstipps entlang der Buslinien. Während des Sommerfahrplans sind Busse mit Fahrradanhängern unterwegs, die bis zu 16 Rädern Platz bieten. Zwischen Putbus und Göhren (und an 100 Tagen im Jahr auch nach Lauterbach-Mole) fährt der Rasende Roland, eine dampflokbetriebene Schmalspureisenbahn. Die Reederei Hiddensee bringt Gäste per Fähre von Stralsund, Schaprode, Wiek und Dranske nach Hiddensee, die Weiße Flotte von Lauterbach nach Baabe oder von West-Rügen nach Wittow und die Reederei Kipp von Ralswiek, Breege nach Hiddensee. Wer ein Taxi benötigt, sollte Tel. 03838/252627 (Rügen) oder Tel. 03831/393333 (Stralsund) wählen.

Baden

Die schönsten Badestrände befinden sich in den Ostseebädern im Südosten der Insel Rügen und zwischen Glowe und Juliusruh. Familien mit kleinen Kindern sind auch an den Naturbadestränden der Boddenküste (Lietzow, Schaprode, Suhrendorf, Alt Reddevitz, …) gut aufgehoben, da das Wasser dort sehr flach ist. In Stralsund gibt es ein Strandbad.

Camping und Wohnmobilstellplätze

Auf der Insel Rügen gibt es zahlreiche Campingplätze und Wohnmobilstellplätze. Eine Übersicht finden Sie auf der Internetseite der Tourismuszentrale Rügen (www.ruegen.de). Wildes Campen ist (im Prinzip) verboten, parken für eine einmalige Übernachtung erlaubt. Auf Hiddensee ist Campen nicht erlaubt.

Fahrradverleih

Fahrradservice Casa-Atlantis GbR
Strandstrasse 5, 18586 Baabe, Tel. 038303/ 955565, www.baabe-fahrradverleih.de; Radverleih, Verkauf und Pannenservice.

Fahrradverleih Richter
Königsstraße 18, 18528 Bergen auf Rügen, Tel. 03838/254483; Radverleih, Verkauf, Reparatur und Service.

Zweiradhandel Deutschmann
Ostseebad Binz am Großbahnhof und direkt neben der Tankstelle, 18609 Ostseebad Binz, Tel. 038393/32420, Dorfstraße 35, 18586 Middelhagen, Tel. 038308/25482, www.zweiraddeutschmann.de; Radverleih, Verkauf und Reparaturholservice.

Fahrradverleih Schröder
Dorfstraße 88, 18556 Breege, Tel. 038391/12657, www.haus-nelson.de

Fahrradverleih „Zur kleinen Meerjungfrau"
Seestraße 2a, 18556 Dranske, Tel. 038391/9500

Fahrradverleih „RUGANA"
Am Bakenberg/Nonnevitz 25 A–B, 18556 Dranske, Tel. 038391/9140

Fahrradverleih Gehrke
Bergener Straße 30, 18574 Garz, Tel. 038304/418; Radverleih, Verkauf, Reparatur und Service.

Fahrradverleih Michael Bittner
Am Pappelwald 39, 18551 Glowe, Tel. 038302/71856; Verleih und Reparatur.

Fahrrad Tilly
Schulstraße 7, 18586 Ostseebad Göhren, Tel. 038308/2240, www.fahrrad-tilly.de; Radverleih, Verkauf, Reparatur und Service.

Fahrradverleih Harm
Hafenstraße 19b, 18546 Sassnitz, Tel. 038392/35075, www.harm-zweirad.de; Verleih, Verkauf, Reparatur und Service.

Rental Station im Seepark
Parkstraße 2, 18586 Sellin, Tel. 038303/86655, www.rental-station.de; Familienfreundlicher Fahrradverleih.

Fahrradhandel Heiden
Handwerkerring 16 und Maxim-Gorki-Straße 28, 18435 Stralsund, Tel. 03831/4828999, www.fahrradhandel-heiden.de; Verleih, Verkauf, Reparatur und Service.

Fahrradverleih Prüßing
Neue Straße 7, 18569 Waase/Ummanz, Tel. 038305/55114

Fahrradverleih Waßnick
Maltzien 15a, 18574 Zudar, Tel. 038304/66094

Hotels

Hier finden Sie eine ganz individuelle Auswahl an Hotels auf Rügen und Hiddensee für jeden Geschmack und Geldbeutel. Die Tourismuszentrale Rügen, aber auch die jeweiligen Touristeninformationen und Kurverwaltungen vermitteln Zimmer und Ferienwohnungen auf den Inseln. Infos unter Tel. 03838/80770, www.ruegen.de

Jugendgästehaus Haus am Sund
Am Fährberg 8, 18573 Altefähr, Tel. 038306/23253, www.hausam-sund.de; direkt am Wasser gelegen, Mehrbettzimmer, Wassersportmöglichkeiten vor der Haustür.
Ab 15 € (pro Person, Selbstverpflegung)

Herrenhaus Bohlendorf
Bohlendorf 6a, 18556 Bohlendorf, Tel. 038391/770, www.bohlendorf.de; ländlich gelegen im Norden der Insel Rügen, moderne Zimmer und Suiten im historischen Gutshaus aus dem 18. Jahrhundert, Restaurant, Kaminzimmer, Sauna.
Ab 59 € (EZ inkl. Frühstück)

Sagen- und Märchenhotel
Markt 28, 18528 Bergen auf Rügen, Tel. 03838/2010669, www.maerchenhotel-ruegen.de; direkt in der Innenstadt, moderne Zimmer im historischen Ambiente eines Hauses aus dem Mittelalter, Steakhaus, Gewölbekeller.
Ab 49 € (inkl. Frühstück)

Hotel meerSinn
Schillerstraße 8, 18609 Ostseebad Binz, Tel. 038393/6630, www.uptalsboom.de; exklusives Bio-Hotel im Zentrum von Binz, angeschlossenes Gesundheitszentrum, Bio-Restaurant meerSalz, regionale Küche im urigen Fritz Braugasthaus.
Ab 80 € (DZ-Standard inkl. Frühstück)

Aquamaris Strandresidenz Rügen
Wittower Str. 4, 18556 Seebad Juliusruh, Tel. 038391/440, www.aquamaris.de; familienfreundliche Ferienanlage an einem der schönsten Strände Rügens, Piratenland für kleine Kreative, Wellnessbereich mit Schwimmbad, Steakhouse Buffalo, italienisches Restaurant, Fischrestaurant, Bierpub.
Ab 46 € (p. P. im DZ inkl. Frühstück)

Gutshaus Kubbelkow
Dorfstraße 8, 18528 Klein Kubbelkow, Tel. 03838/8227777, www.kubbelkow.de; familiengeführtes Hotel mit weitläufigem Gutspark, ländlich gelegen im Herzen der Insel Rügen, luxuriös gestaltete Zimmer und Suiten, regionale Spezialitäten im hauseigenen Restaurant, Gutsherrenbad, Hochzeitshotel.
Ab 130 € (DZ inkl. Frühstück)

Im Jaich
Am Yachthafen 1, 18581 Lauterbach, Tel. 038301/8090, www.im-jaich.de; Pfahlhaussuiten und schwimmende Ferienhäuser im Biosphärenreservat Südost-Rügen, Wassersportangebote, Restaurant mit saisonaler Küche.
Pfahlhaussuite und schwimmendes Ferienhaus ab 79 €, Landappartement ab 39 € (36 qm für zwei Personen)

Kojenhus Middelhagen
Dorfstraße 36, 18586 Middelhagen, Tel. 038308/34456, www.kojenhus.de; gemütlich wie auf einem Schiff, Frühstück im Garten, Bed & Breakfast, Familien-Kojen, 2er-Kojen, Lounge.
Ab 30 € (2er-Koje)

Pension Tatjana
Wilhelmstraße 28, 18586 Sellin, Tel. 038303/1450, www.pension-tatjana.de; russisches Flair in Seebrückennähe, Zimmer von Künstlerhand gestaltet, Restaurant mit russischer Küche.
Ab 35 € (EZ inkl. Frühstück)

Hotel Godewind
Süderende 53, 18565 Vitte/Hiddensee, Tel. 038300/6600, www.hotelgodewind.de; herzliche Atmosphäre, Ferienwohnungen und Hotelzimmer, urige Gaststube, Szenekneipe, Sauna.
Ab 39 € (EZ inkl. Frühstück)

Kinder

Für die jüngeren Gäste Rügens gibt es viele interessante Angebote, z. B. Ausflüge in den Rügen Park Gingst, in Karls Erlebnis-Dorf Zirkow, in das Naturerbe Zentrum Prora, in das Nationalpark-Zentrum Königsstuhl, in die Museen zum Anfassen Prora und Putbus, in das Haus auf den Kopf oder die Pirateninsel Putbus. Besonders schöne und strandnahe Spielplätze gibt es in Göhren, Binz, Baabe, Sassnitz und Altefähr. Bewachte Strandabschnitte gibt es unter anderem in den Ostseebädern im Südosten der Insel Rügen, in Vitte auf Hiddensee und in Suhrendorf auf Ummanz. Kinder im Alter von sechs bis 13 Jahren dürfen beim Rasenden Roland in Begleitung eines Erwachsenen im Lokführerhaus mitfahren. Einen Inselführer für Kinder gibt es beim Tourismusverband Rügen.

Parkplätze

Auf Rügen gibt es diverse Parkmöglichkeiten. Kostenfreie Parkplätze gibt es zum Beispiel in Bergen am Rugard sowie am Ortseingang aus den Ostseebädern kommend sowie in Sassnitz Dwasieden (Lanckener Straße) und in Lancken (Granitzer Straße). Wer das Nationalpark-Zentrum Königsstuhl oder die Victoria-Sicht besuchen möchte, kann das Auto in Lohme, Hagen oder in Sassnitz abstellen. Die Großparkplätze dort sind kostenpflichtig. Wer in Binz Station macht, sollte den Parkplatz am Großbahnhof (kostenpflichtig) nutzen. Das Kap Arkona ist mit dem Auto nicht erreichbar: Wer Rügens nördlichsten Zipfel besuchen möchte, kann das Auto auf dem Großparkplatz in Putgarten (kostenpflichtig) abstellen.

Restaurants und Cafés

Gut essen und trinken kann man auf Rügen fast in jedem Ort. Eine kleine, sehr persönliche Auswahl (neben den bereits genannten):

Café Meyer und Tüffelhus
Dammstraße 1, 18528 Bergen auf Rügen, Tel. 03838/22332, www.tueffelhus.de; familiengeführtes Kaffeehaus

und Restaurant im Zentrum von Bergen, Chef des Hauses kümmert sich liebevoll um seine Gäste, selbst gefertigte Trüffel, große Auswahl an Kartoffelgerichten.

Monte Vino
Paulstraße 1, 18609 Ostseebad Binz, Tel. 038393/13671, www.weinhandlung-ruegen.de; stilvoll eingerichteter Delikatessenladen abseits vom Trubel der Hauptstraße, Weine aus 13 deutschen Anbaugebieten, regionale Spezialitäten.

Nixe
Strandpromenade 10, 18609 Ostseebad Binz, Tel. 038393/666200, www.nixe.de; stilvolles Trendrestaurant in alter Bäderstilvilla an der Strandpromenade, pommersche Gourmet-Küche mit asiatischen Aromen.

Omas Küche
Proraer Chaussee 2a, 18609 Ostseebad Binz, Tel. 038393/13556, www.omas-kueche-binz.de; urgemütliche Gaststube mit Wandschmuck aus Omas Zeit, kostenloser Transfer im Kult-Taxi.

Schifferkrug Kuhle
Hauptstraße 2, 18556 Dranske/Kuhle, Tel. 038391/938845; urige Gaststube, Seemannsatmosphäre, Rügens angeblich älteste Kneipe (erster Ausschank 1455), eine Institution im Norden der Insel Rügen.

Daheim
Arkonastraße 10, 18551 Lohme, Tel. 038302/9352, www.restaurant-daheim.de; Restaurant und Café, Familienbetrieb, fangfrischer Fisch direkt vom Fischer im Hafen.

Panorama Hotel
An der Steilküste 8, 18551 Lohme, Tel. 038302/9110, www.panorama-hotel-lohme.de; Restaurant und Hotel, gutbürgerliche Küche mit mediterraner Note. Auf der Terrasse hört man das Meer rauschen und genießt Ostseeblick. Wer bleiben möchte, kann sich gleich einquartieren.

Gastmahl des Meeres
Strandpromenade 2, 18546 Sassnitz, Tel. 038392/5170, www.gastmahl-des-meeres-ruegen.de; maritimes Restaurant an der Strandpromenade, Ostseeblick, Fischspezialitäten.

Zur Alten Schule
Lange Straße 32a, 18569 Schaprode, Tel. 038309/1454, www.restaurant-zur-alte-schule.de; Restaurant und Pension in historischem Schulgebäude. Hier macht Schulbankdrücken Spaß.

Bistro Arkona
Wilhelmstraße 8, 18586 Sellin, Tel. 038303/16977, www.haus-arkona.de; im Zentrum von Sellin, Chefin kümmert sich selbst um das Wohl ihrer Gäste, Spezialität des Hauses sind Pfannkuchen in allen Variationen.

Blumencafé Rügen
Gerhart-Hauptmann-Straße 6, 18556 Wiek, Tel. 038391/769932, www.blumencafe-ruegen.de; Café mit Sofa-Lounge und idyllischem Garten, Spezialität sind selbstgebackene Baumkuchen, Säfte und Aufstriche aus regionalen Früchten.

Touristeninformationen und Kurverwaltungen

Tourismusverband Rügen e.V.
Tourismuszentrale Rügen GmbH, Ringstraße 113–115, 18528 Bergen auf Rügen, Tel. 03838/80770, www.ruegen.de

Fremdenverkehrsamt Altefähr
Fährberg 5, 18573 Altefähr, Tel. 038306/75037, www.altefaehr.de

Kurverwaltung Baabe
Am Kurpark 9, 18586 Ostseebad Baabe, Tel. 038303/1420, www.baabe.de

Touristinformation Bergen
Markt 23, 18528 Bergen auf Rügen, Tel. 03838/8286186, www.stadt-bergen-auf-ruegen.de

Fremdenverkehrsverein Binz e.V.
Wylichstraße 13, 18609 Ostseebad Binz, Tel. 038393/665740, www.gastgeber-binz.de

Ostseebad Binz Kurverwaltung
Heinrich-Heine-Straße 7, 18609 Ostseebad Binz, Tel. 038393/148148, www.ostseebad-binz.de

Biosphärenreservat Südost-Rügen
Circus 1, 18581 Putbus, Tel. 038301/88290, www.biosphaerenreservat-suedostruegen.de

Informationsamt Breege/Juliusruh
Wittower Straße 5, 18556 Juliusruh, Tel. 038391/311, www.breege.de

Fremdenverkehrsamt Dranske
Karl-Liebknecht-Straße 41, 18556 Dranske, Tel. 038391/89007, www.gemeinde-dranske.de

Kurverwaltung Gager
Zum Hövt 15a, 18586 Gager, Tel. 038308/8210, www.mein-moenchgut.de

Tourismusverein West-Rügen e.V. und Info-Stube Gingst
Karl-Marx-Straße 19, 18569 Gingst, Tel. 038305/535862, www.westruegen.net

Infostelle/Gemeinde Glowe
Hauptstraße 73, 18551 Glowe, Tel. 038302/5221, www.glowe.de

Tourismusverein Glowe e.V.
Hauptstraße 73, 18551 Glowe, Tel. 038302/889939

Fremdenverkehrsverein Göhren
Poststraße 9, 18586 Ostseebad Göhren, Tel. 038308/25940, www.info-goehren.de

Kurverwaltung Göhren
Poststraße 9, 18586 Ostseebad Göhren, Tel. 038308/66790, www.goehren-ruegen.de

Insel Information Hiddensee GmbH
Norderende 162, 18565 Vitte, Tel. 038300/64226, www.seebad-hiddensee.de

Informationsamt Kap Arkona
Am Parkplatz 1, 18556 Putgarten, Tel. 038391/4190, www.kap-arkona.de

Tourist-Information Lancken-Granitz
Dorfstraße 8a, 18586 Lancken-Granitz, Tel. 038303/95678

Tourismusverein Gemeinde Lohme e.V.
Zum Hafen 6, 18551 Lohme, Tel. 038302/88523, www.lohme.org

Touristik Lohme GmbH
Arkonastraße 31, 18551 Lohme, Tel. 038302/88855, www.lohme.de

Kurverwaltung Middelhagen
Dorfstraße 4, 18586 Middelhagen, Tel. 038308/2153, www.middelhagen.de

Putbus-Information
Orangerie, Alleestraße 35, 18581 Putbus, Tel. 038301/431, www.putbus.de

Rügen-Besucher-Service Putbus
Alleestraße 7, 18581 Putbus, Tel. 038301/60513, www.ruegenbesucherservice.de

Tourist-Service der Stadt Sassnitz
Strandpromenade 12, Tel. 038392/6490, 18546 Sassnitz, www.insassnitz.de

Kurverwaltung Sellin
Warmbadstraße 4, Tel. 038303/160, Seeparkpromenade 1, Tel. 038303/16222, 18586 Sellin, www.ostseebad-sellin.de

Tourismuszentrale Hansestadt Stralsund
Alter Markt 9, 18439 Hansestadt Stralsund, Tel. 03831/24690, www.stralsundtourismus.de

Kurverwaltung Thiessow
Hauptstraße 36, 18586 Thiessow, Tel. 038308/8280, www.ostseebad-thiessow.de

Touristinformation Waase
Neue Straße 63a, 18569 Waase/Ummanz, Tel. 038305/53481, www.ruegeninsel-ummanz.de

Orts- und Personenregister

A
Adam von Bremen 11
Alt Mukran 81
Alt Reddevitz 23, 31–33
Altefähr 130, 137f.
Altenkirchen 92, 103
Altensien 41
Amman (Jordanien) 53
Antwerpen (Belgien) 147, 151
Arndt, Ernst Moritz 108f., 126

B
Baabe 8, 16–20, 32f., 35, 43, 53
Bahls, Ruth 24
Bakenberg 28, 176
Baldereck 85
Bartel, Kerstin 74
Barth 158
Bauer, Hans-Ulrich 49
Becket von Canterbury, Thomas 151
Bergen auf Rügen 9–11, 26, 30, 58, 78, 80f., 106–111, 115, 143, 150, 158
Berlet, Christian 138
Bessin (Halbinsel) 137f., 165f., 171
Binz 8, 12, 16, 30, 44–59, 64, 79, 81, 86, 111, 113, 145
Bisdamitz 146
Blieschow 111
Bobbin 84
Bong, Wilhelm 48
Born 68
Bornholm 62
Brahms, Johannes 66f.
Brandshagen 130, 132
Brandt, Roberto 16
Brecht, Bertolt 97
Breege 90, 153f., 158, 167
Breesen 137
Buddenhagen 81
Bug (Halbinsel) 102

Buhl, Birger 121f.
Buhlitz 58
Burgmann-Seewald, Roswitha 143
Buschvitz 53

C
Crampas 64

D
Dargast 72
Darne, Matthias 138
Denier, Robert 51
Dittrich, Petra 143
Douglas, Graf 110
Dranske 99–102, 158, 167
Dubnitz 81
Dwasieden 63, 65, 81

E
Eggert, Hermann 109
Einstein, Albert 162

F
Feininger, Lyonel 29
Fink, Günter 168
Fontane, Theodor 67
Frädrich, Falk 121f.
Franz, Andrea und Dorina 20
Franz zu Putbus 13, 120, 123
Freesenort 150
Freest 36
Freetz 117
Freihaut, Stephan 102
Friedrich, Caspar David 8f., 66, 73
Friedrich Wilhelm I. 12, 118
Fritsch, Ute 173

G

Gager 36
Garz 10, 123, 126–128, 143
Gellen (Halbinsel) 170f., 174, 178
Gellort 93, 95, 99f.
Gelmer Ort 86
Genua (Italien) 25
Geyer, René 111
Gingst 142–145, 158
Glowe 53, 84–87
Göhren 8, 12, 16, 21–25, 30, 32–34, 36, 41, 112
Goor 90, 117
Grahlhof 135
Granitz 8, 16, 41, 44–46, 145
Greifswalder Oie (Insel) 22, 34, 36f.
Grieben 163, 165f., 176, 178
Groß Schoritz 126
Groß Stresow 19, 117
Groß Zicker 28, 35
Gummanz 72, 82
Gurvitz 137f.
Gustow 130, 135

H

Haas, Alfred 73
Hagen 70
Haide 148, 152
Hamburg 11, 20, 51, 123, 134
Hansemann, Adolph von 63
Hasselmann, Jens 97
Hauptmann, Gerhart 63, 159–162, 167, 176
Havanna (Kuba) 53
Herveling, Helene 173
Heuwiese (Insel) 150
Hexenberg 163
Hiddensee (Insel) 9, 13, 63, 74, 99f., 102, 109, 127, 148, 153, 155, 158–178
Hitzig, Friedrich 63
Holzerland, Familie 147
Huck, Karl 169

I

Iserlohn 138

J

Jaromar I. 11, 92, 106f.
Johannes von Putbus 120
Jonque, Britta 120
Juliusruh 90, 93
Jürgen von Putbus 120

K

Kammin 153
Kankel, Uwe 43
Kap Arkona 8, 11, 74–76, 86, 90–99
Karow 109, 112
Kartzitz 142
Kasüke, Jürgen 26
Keßler, Elias 103
Kindten, Christian 78, 143
Kintzel, Jürgen 41
Klaipeda (Litauen) 62
Klein Zicker 27
Klementelvitz 84
Kliefert, Erich 135
Kliewe, Familie 146f., 150
Kloster 158–165, 173f., 176
Klotz, Clemens 56f.
Kneipp, Sebastian 21
Knyphausen, Graf zu 142
Kosegarten, Ludwig Gotthard 73, 92, 103
Krimvitz 123
Kruse, Käthe 162
Kruse, Oskar 162, 167
Kube, Familie 137
Kuhle 100
Kuse, Jürgen 48
Kutscher, Manfred 72
Kuwait 53

L

Lancken-Granitz 10, 111
Lauterbach 12, 16, 19, 115, 117f., 121f.
Leander, Zarah 21
Lehmann, Henni 168
Lieschow (Halbinsel) 150

Lietzow 58, 79–83
Lindemann, Ralf 63
Lobbe 29, 34
Lobkevitz 153
Lohme 69, 74–77, 82, 85
Losentitz 130–132
Lotsenberg 26, 28, 34, 36
Lubmin 127
Lüth, Jörg 145

M
Mähler, Mathias 36f.
Maltzien 129
Mann, Thomas 162
Mariendorf 31
Mattchow 100
Mehmel, Friedrich Albert 128
Menzel, Adolph von 29
Middelhagen 29f., 32–34
Mitic, Gojko 112
Møn (dän. Insel) 90, 93f., 176
Moritzdorf 19
Muglitz 117
Mukran 57, 59, 79
Müller, Peter 74
München 51
Mursewiek 146f.
Müther, Ulrich 53f., 86f.

N
Napoleon 12, 68
Nardevitz 77
Neddesitz 72f., 82
Nestmann, Rico 153f.
Neu Mukran 62, 64
Neuendorf 118, 158, 161, 163, 170–172, 174, 177f.
Neukamp 41, 118
New York (USA) 51
Niederhof 130
Nielsen, Asta 155, 167, 173
Niemeier, Nikolaus 160
Nienhagen 132
Nipmerow 82
Nistelitz 117
Nobbin 90
Noorden, Werner von 137

O
Oberhof 53
Öhe (Insel) 155

P
Palmer Ort 128f.
Palucca, Gret 155, 160
Pansevitz 142
Päplow, Dörte 67
Parchow, Gerhard 42f.
Paris (Frankreich) 56
Patzig 10
Peenemünde 36, 56
Peters, Nils 94
Pirling, Anja 25, 35
Pisch, Familie 31
Poseritz 135f.
Powilleit, Judith und Martin 30
Preetz 19
Promoisel 72
Prora 53, 56–59
Puddemin 130, 135
Pulitz 58
Putbus 9, 12, 16, 19, 45, 113, 115–120, 123, 130, 145
Putgarten 90, 93, 95–100

Q
Quoltitz 73, 78

R
Rahm-Präger, Sylva 136
Ralswiek 110, 158
Rambin 137
Ranzow 76
Reese, Claudia 70f.
Reichel, Elke 135
Reinhardt, Max 162
Reuter, Familie 81
Reutlingen 81
Ringelnatz, Joachim 167, 173
Rom 11, 128, 145
Rønne (dän., Bornholm) 62
Rösing, Volker 73

Ruden (Insel) 22, 34, 36
Rudolph, Wolfgang 42
Rugard 10f., 106, 108f.
Rühmann, Heinz 21
Rüting, Georg 154

S
Sagard 72, 78, 81f.
Samtens 158
Sassnitz 12, 53, 56f., 62–70, 72, 79–81, 158
Schaprode 13, 148, 152, 155, 158, 167
Schaumburg-Lippe, Elisabeth von 63
Schiemer-Krüger, Amrei-Dorothee 123
Schiller, Andreas 51
Schilling, Familie 155
Schilling, Leuchtturmwärter 93
Schinkel, Karl Friedrich 45, 63, 93f., 99, 111
Schlaier, Peter 135
Schmorell, Susan 147
Schwarbe 99
Seedorf 19, 43
Sellin 8, 12, 16, 19, 32, 35, 38–44, 64, 81, 111
Semper 80
Seydel, Renate 173
Siebler, Günther 172
Sorge, Frank und Britta-Maria 85
Sperlich, Frank Otto 112
Spitzer Ort (Halbinsel) 79, 81
Stahlbrode 130–132
Steenvoorden, Christa und Hendrikus 113
Steinmeyer, Johann Gottfried 44
Störtebeker, Klaus 55, 69, 110
Stralsund 13, 26, 28, 58, 79, 110f., 130–135, 137f., 151, 158, 167, 170, 176, 178
Strandmann, Kay-Uwe 19
Suhrendorf 148, 150, 152
Swantow 127

T
Tacitus 10
Tankow 147f., 153
Tempelberg 44f.
Thiessow 26–28, 32–34, 36, 41, 58
Thietmar von Merseburg 11
Trelleborg (Schweden) 62
Trent 158
Tripolis (Libyen) 53

U
Ummanz (Insel) 8, 146–153
Usedom (Insel) 22, 36
Üselitz 130

V
Venzvitz 135
Vilm 19, 36, 45, 115, 117f., 121f.
Vilmnitz 117, 119f.
Vitt 90–93, 95, 173
Vitte 158, 162, 167–170, 172–174, 176–178

W
Waase 147f., 150f., 153
Waldemar I. 11
Waldkircher, Thomas 25, 35
Warnemünde 53
Weigel, Helene 97f.
Wien (Österreich) 12, 48, 51
Wilcke, Thom 29
Wilhelm IV. 81
Wilhelm Malte I. zu Putbus 12, 44, 46, 68, 115, 117, 119
Wismar 53
Wittow (Halbinsel) 8, 86, 90, 99f., 102f., 153
Witzlaw III. 11
Wloch, Carlo 119f.
Wolff, Karoline 79
Wrangel, Carl Gustav 87
Wreechen 118
Wusse 150

Z
Zecher, Claudia 97f.
Zicker Berge 27f., 30, 34f.
Zirkow 113f.
Zittau 112
Zittvitz 109
Zudar 128, 130
Zydowitz-Müther, Astrid von 54

Impressum/Bildnachweis

Bibliografische Information der Deutschen Nationalbibliothek: Die Deutsche Nationalbibliothek verzeichnet diese Publikation in der Deutschen Nationalbibliografie; detaillierte bibliografische Daten sind im Internet über http://dnb.d-nb.de abrufbar.

ISBN 978-3-8319-0551-5

© Ellert & Richter Verlag GmbH, Hamburg 2014

Dieses Werk einschließlich aller seiner Teile ist urheberrechtlich geschützt. Jede Verwertung außerhalb der engen Grenzen des Urheberrechtsgesetzes ist ohne Zustimmung des Verlages unzulässig und strafbar. Dies gilt insbesondere für Vervielfältigungen, Übersetzungen, Mikroverfilmungen und die Einspeicherung und Verarbeitung in elektronischen Systemen.

Lektorat/Bildredaktion: Claudia Schneider, Hamburg
Gestaltung: BrücknerAping, Büro für Gestaltung GbR, Bremen
Karten: THAMM, Bosau (Kartengrundlage OSM, ODbL V 1.0)
Gesamtherstellung: CPI books GmbH, Leck

Bildnachweis:
Alle Fotos von Janet Lindemann, außer:
bpk, Berlin: 9 (Hermann Buresch), 12, 23; Fotolia: 124/125 (Imaginis), 140/141 (Schachspieler); Huber-Images, Garmisch-Partenkirchen: Titel o. (Chris Seba), Titel u. l., u. m., u. r., Titel hinten r. (alle Luca Da Ros), Titel hinten m. (Sabine Lubenow), Titel hinten l. (Reinhard Schmid), 14/15 (Cornelia Dörr), 29 o. (Reinhard Schmid), 35 (Reinhard Schmid), 40 (Reinhard Schmid), 50 (Reinhard Schmid), 88/89 (Luca Da Ros), 92 (Reinhard Schmid), 104/105 (Manfred Mehlig), 116 (Christian Bäck), 156/157 (Cornelia Dörr), 164 (Reinhard Schmid), 171 (Reinhard Schmid), 178 (Reinhard Schmid); Georg Jung, Hamburg: 10, 13, 133, 177; Wikipedia: 22 (Klugschnacker), 27 (Olaf Meister), 29 u. (O-fey), 31 (Klugschnacker), 37 (K. Retzlaff), 62 (Gunnar1m), 63, 75 (Klugschnacker), 95 (Klugschnacker), 103 (Chron-Paul), 107 (Thomas Freibier), 108 (Celsius), 138 (Klugschnacker), 151 (Karl-Heinz Meurer), 163 (Klugschnacker), 168 (Chin tin tin)

Alle Angaben in diesem Inselführer sind gewissenhaft geprüft. Telefonnummern, Internetadressen etc. können sich aber schnell ändern. Daher können Autorin und Verlag keine Gewähr für die Richtigkeit übernehmen.

Für Anregungen, Berichtigungen und Ergänzungsvorschläge sind wir dankbar. Bitte senden Sie diese an:

Ellert & Richter Verlag
Große Brunnenstraße 116
22763 Hamburg
Fax: 0 40/39 84 77 23
E-Mail: info@ellert-richter.de
www.ellert-richter.de